dumont taschenbücher

Michael Koulen, geboren 1956, studierte in Köln, Berlin und Rom Philosophiewissenschaft, Literaturwissenschaft und Linguistik. Er arbeitet in Köln als freier Übersetzer, Lektor und Journalist.

Sanryu

Tatta hito-ban to
uchi hajimeta wa
sakujitsu nari

Mit den Worten »Nur eine Partie«
begannen sie zu spielen
das war gestern

Michael Koulen

Die Mitte des Himmels

Go

Geschichte – Philosophie – Partien
Spiel-Regeln

DuMont Buchverlag Köln

Frontispiz: Kunyoshi (1798–1861), Der Zug der Geister (1843).

CIP-Kurztitelaufnahme der Deutschen Bibliothek

Koulen, Michael:
Die Mitte des Himmels Go: Geschichte – Philosophie – Partien – Spiel-Regeln / Michael Koulen. – Köln: DuMont, 1986.
(DuMont-Taschenbücher; Bd. 178)
ISBN 3-7701-1902-9
NE: GT

Satz, Druck und buchbinderische Verarbeitung: Boss-Druck, Kleve

Printed in Germany ISBN 3-7701-1902-9

Inhalt

Vorwort

Alle Erklärungen und Geschichten in diesem Buch beziehen sich stets auf ein Spiel namens *Go*. Doch genau genommen, ist das nicht ganz korrekt. Vor drei- bis viertausend Jahren verbreitete es sich in China unter dem Namen *Wei Qi* (sprich: wei tschi) und wird dort auch heute noch so genannt. Go hingegen ist die japanische Bezeichnung und entstand viele Jahrhunderte später.

Dahinter steckt mehr als die simple Tatsache, daß ein Spiel in zwei Ländern eben zwei verschiedene Namen trägt. So wie sich chinesische und japanische Kultur und Weltanschauung unterscheiden, sind in beiden Ländern auch die Auffassungen von diesem Spiel nicht identisch. Das zeigt sich nicht nur in der unterschiedlichen Spielweise chinesischer und japanischer Spitzenspieler, sondern auch in einigen so geringen wie doch typischen Varianten der Regeln.

Trotzdem wird in diesem Buch durchgängig von dem Spiel Go die Rede sein, selbst in den Übersetzungen chinesischer Märchen und Anekdoten. Der Grund dafür liegt auf der Hand: Während der letzten fünfhundert Jahre ist das Spiel vor allem in Japan gepflegt und zu vorher nicht gekannter Meisterschaft entwickelt worden, während die alte chinesische Tradition verkümmerte. Von Japan aus verbreitete sich das Spiel über die ganze Welt und ist auch bei uns unter dem japanischen Namen Go bekannt geworden. Daran haben wir uns der Einfachheit halber gehalten.

Das Buch wendet sich vor allem an zwei Gruppen von Lesern. Da wären zunächst jene, die bereits eine anfängliche Stufe der Regelkenntnis und Spieltechnik erklommen haben und nun mehr über den kulturellen und geistigen Hintergrund des Spiels erfahren möchten. Sie werden erkennen, daß insbesondere in der Entwicklung einer bestimmten Geisteshaltung der Erfolg der fernöstlichen Spitzenspieler begründet liegt. Wie diese sich auf das tatsächliche Spiel auswirkt, ist eines der Hauptthemen dieses Buchs.

Zur zweiten und vermutlich stärkeren Gruppe mögen sich diejenigen Leser zählen, die sich ohne besondere Vorkenntnisse ganz allgemein für dieses Spiel interessieren. Vielleicht schätzen sie vor allem die Begegnung mit einer uns nach wie vor doch sehr fremden Kulturwelt und sehen im Go einen Schlüssel zu ihrem besseren Verständnis, vielleicht möchten sie einfach nur ein neues, zudem hochraffiniertes Denkspiel kennenlernen. Vielleicht auch beides. Mancher Spielinteressierte wird auch nach Lektüre dieses Buches noch einige Fragen auf dem Herzen haben. Das läßt sich nicht vermeiden. Die Adressenlisten im Anhang werden ihm helfen, raschen Kontakt zu anderen Spielern zu finden, die ihm bei seinen ersten Partien zur Seite stehen werden. Wenn er dann seine ersten Spielerfahrungen gesammelt hat und beginnt, die jenseits der einfachen Regeln liegenden Dimensionen des Spiels wahrzunehmen, wird er sich vielleicht dieses Büchleins erinnern und es ein zweites Mal zur Hand nehmen.

An seiner Entstehung haben natürlich mehrere Kenner des Spiels wie der fernöstlichen Kulturen mitgearbeitet. Mein besonderer Dank gilt Chandra Krutwig-Sagredo. Er übersetzte die zum größten Teil nur in klassischem Chinesisch überlieferten Go-Märchen und Anekdoten, die Gedichte und sämtliche Originalzitate, die hier zum ersten Mal in deutscher Sprache erscheinen. Ferner stammen wesentliche Grundgedanken zur Interpretation der zehn Go-Sprichwörter von ihm. Schließlich war er eine wertvolle Hilfe bei der Suche nach Abbildungen und der Recherche schwieriger Details. Überflüssig zu erwähnen, daß wir zwischendurch auch einige schöne Partien spielten, bei denen mir selbst die Rolle des Schülers zufiel.

Barney Finucane kennt China und Japan aus eigener Anschauung. Er übernahm die große Hartnäckigkeit erfordernde Aufgabe, die völlig verstreut verborgenen Daten zur historischen Entwicklung des Go zusammenzutragen und zu interpretieren.

David Schoffel, Bonn, der amtierende Deutsche Meister im Go, überprüfte das Manuskript auf seine sachliche Richtigkeit hin, wobei er einige entscheidende Korrekturen und Verbesserungen vorschlug.

Jong-Su Yoo, ehemaliger Koreanischer Amateurmeister, fand trotz großer Arbeitsbelastung die Zeit, die Auswahl der Meisterpartien zu betreuen und sie für dieses Buch zu kommentieren.

Claudia Delank und Eike Moog bin ich wegen ihrer großen Hilfsbereitschaft bei der Beschaffung des Bildmaterials verpflichtet.

Ihnen allen, sowie den ungenannt gebliebenen Mitgliedern des Kölner Go-Clubs und den Mitarbeitern des Sinologischen Seminars der Universität Bonn, für ihre Hilfe meinen herzlichen Dank!

März 1986 *Michael Koulen*

Die Geschichte des Go

Die Entstehung

Der Ursprung des Go liegt im Dunkeln. Wahrscheinlich sind bereits mehr als viertausend Jahre vergangen, seit die ersten Go-Steine auf das erste Brett gelegt wurden. Alle Informationen über diesen folgenreichen Moment sind freilich spurlos untergegangen. Heute besitzen wir nichts weiter als Legenden und Theorien, die versuchen, den Ursprung zu erhellen.

Es gibt insgesamt drei Versionen, die sich mit der Entstehung des Spiels befassen. Die erste Legende erzählt, der chinesiche Kaiser Shun (2255–2206 v. Chr.) habe das Spiel erfunden, um astrologische Berechnungen anzustellen. Vielleicht diente es dabei als eine Art primitiver Abakus. Diese Legende ist aber wahrscheinlich das Produkt eines späteren Zeitalters und entstand wohl erst, nachdem der Abakus im 14. Jahrhundert von Westen her nach China eingeführt worden war.

Nach der zweiten Legende ist das Spiel etwas jünger und vermutlich ungefähr 3700 Jahre alt. Ein Vasall des Kaisers Jie Gui (1818–1767 v. Chr.) mit Namen Wu soll das Spiel erfunden haben, um den Kaiser zu unterhalten. Es muß aber vermutet werden, daß die Erfindung des Go-Spiels ihm nur deswegen zugeschrieben wurde, weil er ohnehin als Erfinder einer Reihe von anderen Spielen, insbesondere Kartenspielen, bekannt geworden war.

Die dritte Theorie ist am weitesten verbreitet und gilt als die »wahre« Entstehungsgeschichte des Spiels. In dieser Version wird die Erfindung des Go dem Kaiser Yao (2255–2206 v. Chr.) zugeschrieben. Das Spiel soll hier zunächst ganz seriös zur Darstellung und Berechnung astronomischer Zusammenhänge gedient haben.

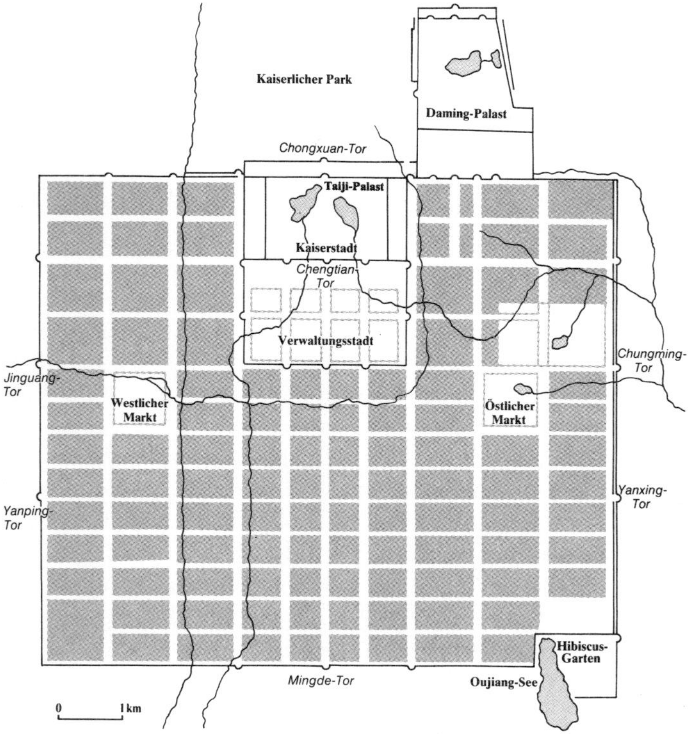

Die Kaiserstadt Chang'an zur Zeit der Sui und Tang (581–907).

Die alten kosmologischen Mythen der Chinesen stellten sich die Welt als eine runde Scheibe vor, über der sich, wie ein etwas zu knappes Bettuch, ein quadratischer Himmel wölbte. Unter diesem lag China, das Reich der Mitte, während in den vier Gegenden, die bedauerlicherweise keinen Himmel besaßen, die verschiedenen Barbarenvölker hausten.

Betrachtet man den völlig quadratisch angelegten Grundriß des als Abbild des Himmels gebauten kaiserlichen Chang'an, so versteht man, wie die Gitterlinien des Gobretts ursprünglich die Koordinaten einer Himmelskarte waren, auf der die Steine die Positionen der Sterne und Sternbilder markierten.

Eigentlich, so berichtet eine andere Sage, soll Kaiser Yao das Brett und die Steine ja erdacht haben, um die etwas schwachen Geisteskräfte seines debilen Sohns zu fördern. Dem freilich waren die Sterne ziemlich egal, doch gefielen ihm die hübschen Steine und er spielte so lange damit herum, bis er die einfachen Regeln des Go-Spiels erfunden hatte.

Nach chinesischer Überlieferung ist das Go-Spiel also in jedem Fall um die 4000 Jahre alt und darf als das älteste bekannte Brettspiel der Welt betrachtet werden, auch wenn wir über keine restlos gesicherten Kenntnisse verfügen.

Mit Hilfe der frühesten sicher datierbaren Erwähnungen des Spiels aus dem ersten Jahrhundert vor Beginn unserer Zeitrechnung lassen sich freilich indirekte Schlüsse zur Frühgeschichte des Go ziehen. In diesen Texten wird Go immer wieder in eine enge Verbindung zu taoistischen Praktiken gebracht.

Der Taoismus ist eine uralte chinesische philosophische Richtung, die aus prähistorischen Naturreligionen und dem Ahnenkult entstand. Besonders vor Einführung des Buddhismus im 2. Jahrhundert vor Christus spielten die Taoisten eine wichtige Rolle in der chinesischen Gesellschaft. Da sie sich um ein wissenschaftlicheres Verständnis der Natur bemühten, waren sie für die Heilkunde sowie jede Art von Zauberei zuständig. Auch am Kaiserhof lagen die komplizierten Aufgaben der Astronomie, der Medizin und des Wahrsagens in den Händen taoistischer Mönche. Sie hatten einige Praktiken entwickelt, die selbst heute noch im Westen Anhänger finden; Handlesen und I Ging gehören hierzu. Eine dritte Methode, die vielleicht am häufigsten angewandt wurde, war die Interpretation von Rissen auf der Oberfläche von Rinderknochen. Diese Risse entstanden, wenn die Knochen in einem Feuer erhitzt wurden. Anschließend wurden sie mit Tusche ausgemalt und bildeten dann schriftzeichenartige Figuren, die von den Mönchen interpretiert wurden, um zukünftige Ereignisse, das kommende Wetter oder den Willen der Ahnen zu erkunden.

In seiner ursprünglichen Form gehörte auch das Go-Spiel in den Umkreis solcher Techniken taoistischer Wahrsagekunst. Nicht nur die Überlieferungen, die dem Spiel einen astrologischen Ursprung zuschreiben, unterstützen diese Theorie. Im altchinesischen Sprachgebrauch wurde das Spiel häufig mit astronomischen Begriffen beschrieben. Die Brettpunkte wurden *Sterne* genannt, und die vier Seiten des

Bretts trugen die Bezeichnungen *Nord*, *Süd*, *Ost* und *West*. Noch heute heißt der zentrale Punkt des Brettes in Japan *Tengen*, Mittelpunkt des Himmels. Die Vermutung, daß es sich beim Go-Brett also zunächst um eine Art Himmelskarte gehandelt hat, gewinnt dadurch zusätzliches Gewicht. Doch welche Rolle spielten Brett und Steine in der Wahrsagerei?

Alle Quellen deuten darauf hin, daß auch vor 3000 Jahren die Spielfiguren schon die gleiche Form besaßen wie heute: Es waren glatte, linsenförmige, schwarze und weiße Steine. Im alten China nun standen die Farben Schwarz und Weiß als Symbole für *Yin* und *Yang*, die beiden grundlegenden Kräfte, die in dieser Welt wirken. Im ursprünglichen Wortsinn beziehen sich Yin und Yang auf nichts weiter als die nördliche bzw. südliche Seite eines Berges.

Daher kommt es, daß Yin die zusätzlichen Deutungen von kalt, naß, dunkel, im übertragenen Sinn dann auch von weich, schwach, passiv und weiblich erhielt. Yang hingegen verstand man als heiß, trocken und hell, sowie hart, stark, aktiv und männlich. Diese beiden entgegengesetzten Kräfte und ihr Kampf gegeneinander prägen jeden Aspekt der chinesischen Philosophie.

Yin und Yang werden als gleich mächtig angesehen und sollen idealerweise in einem ausgeglichenen Verhältnis zueinander stehen. Es mag dem westlichen Denken nicht sogleich verständlich sein, wieso Stärke und Schwäche gleich stark sein sollen. Es genügt hier, sich vorzustellen, daß sie als *Prinzipien* den gleichen Rang haben. Der Ausgleich zwischen Yin und Yang führt zur Harmonie in der Welt.

Der Kampf zwischen Yin und Yang darf nicht mit dem in der westlichen Philosophie thematisierten Kampf zwischen Gut und Böse gleichgesetzt werden. In China erhofft man sich keinen Sieg des einen Prinzips über das andere. Im Gegenteil: Eine Überlegenheit eines der beiden Prinzipien zeigt, daß ein System in ein Ungleichgewicht geraten ist. In der chinesischen Heilkunde zum Beispiel werden die verschiedenen Krankheiten stets einer Überlegenheit von Yin oder Yang zugeschrieben.

Schwarze und weiße Steine nun, die auf einer Himmelskarte liegen, können dem Wahrsager andeuten, welche Konstellationen unter Yin und welche unter Yang stehen. Ein ausgebildeter Wahrsager könnte daraus eine Prognose für die Zukunft ableiten.

Andrerseits ist es aber auch nicht auszuschließen, daß die aufs Brett geworfenen Steine Figuren bildeten, die als Schriftzeichen interpretiert werden konnten. Ein vergleichbares Verfahren kennen wir ja von den Runenstäbchen altgermanischer Schicksalsdeuter.

Ursprünglich wurden also die Steine aufs Brett geworfen und nicht gelegt. Es ist offensichtlich, daß sich dieses Element des Zufalls oder Glücks sehr schön in ein Spiel verwandeln ließ. Daß dies so geschah, beweisen die Go-kritischen Äußerungen der Philosophen Konfuzius und Menzius aus dem 5. vorchristlichen Jahrhundert. Konfuzius erwähnt das Spiel im selben Atemzug mit *Liupo,* einem bekannten chinesischen Würfelspiel. Wahrscheinlich wurden die Steine damals aufs Brett geworfen, nachdem man gewettet hatte, wie sie landen würden. Vielleicht gab es aber auch schon Elemente eines Geschicklichkeitsspiels, bei dem die Steine abwechselnd geworfen wurden.

Als Glücksspiel genoß Go freilich nicht den guten Ruf, den es später als etablierte intellektuelle Unterhaltung der Aristokraten erhalten sollte. Menzius, der tiefgründige Interpret des Konfuzius, verdammt das Go als eine der fünf großen Sünden eines Menschen; es stand bei ihm auf der gleichen moralischen Rangstufe wie die Vernachlässigung der Eltern und die Faulheit.

Freilich gab es auch andere Taoisten, die sich in Ruhe und Zurückgezogenheit mit dem Spiel beschäftigten. Sie mieden die Öffentlichkeit, und ihre Art zu spielen war weder beim Volk noch am Hof beliebt. Um sie allerdings ranken sich viele der im zweiten Teil dieses Buches erzählten Geschichten, in denen sich Go-spielende Mönche in entlegenen Bergtälern, in Höhlen oder auf unzugänglichen Gipfeln treffen, um dort in geheimnisvoll mystischer Atmosphäre dem Spiel zu frönen.

Eine frühe Blüte

Wann genau das letzte Glückselement aus dem Spiel verschwand, ist heute nicht mehr festzustellen. Es kann bereits im siebten Jahrhundert vor Christus geschehen sein. Mit dieser letzten Metamorphose erlangte das Spiel seine moderne Form, und die einfachen Regeln, die sich einige Jahrhunderte vor der Gründung Roms herausbildeten, sind bis heute ohne bedeutende Veränderungen geblieben.

Das exakte Datum dieses für Go-Liebhaber so wichtigen Ereignisses bleibt vor allem wegen einer der großen Tragödien der frühchinesischen Geschichte im Ungewissen. Sie war das Werk des berühmten Kaisers Qin, der ganz China im Jahre 221 v. Chr. vereinigte. Um jede Quelle der Kritik an seiner Herrschaft zu verstopfen und um ein Zeichen des Neubeginns zu setzen, ließ Qin alle Bücher, deren er im Reich habhaft werden konnte, vernichten und die Gelehrten verfolgen. Wenn wir heute dennoch über Texte aus früheren Perioden verfügen, so überlebten diese die Zeit der Bücherverbrennung entweder im Verborgenen, oder sie konnten während der darauf folgenden Han-Dynastie (206 v. Chr.–221 n. Chr.) von späteren Gelehrten – nicht immer fälschungsfrei – rekonstruiert werden.

Kaiser Qin ist es jedenfalls gelungen, ins allgemeine Bewußtsein als erster Kaiser Chinas einzugehen, da die geschriebene Geschichte des Reichs eben erst mit seiner Amtszeit beginnt.

In der Han-Zeit besserte sich allmählich der Ruf des Go-Spiels. Texte aus dieser Zeit sprechen vom Spiel nicht mehr wie von einer Sünde, sondern so, als wäre es ein allgemein akzeptierter Zeitvertreib der Aristokraten und Philosophen gewesen. Aus dieser Zeit stammt auch die älteste Mitschrift einer Partie, die wir heute kennen. Die Spielregeln entsprechen eindeutig den unsrigen, und die Tatsache, daß man sich die Mühe gegeben hat, eine Partie aufzuzeichnen, beweist ein ernsthaftes Interesse an diesem Spiel. Diese Partie findet sich, soweit sie erhalten blieb, im Teil Fünf dieses Buches wiedergegeben.

In der Zeit nach dem Sturz der Han-Dynastie (221 n. Chr.) verfiel die Zentralgewalt des chinesischen Reichs, und die Macht der lokalen Herrscher nahm entsprechend zu. Die zahlreichen Bürgerkriege, die in den folgenden Jahrhunderten das Reich erschütterten, brachten China den Verlust wesentlicher kultureller und sozialer Errungenschaften, die in der Han-Zeit gewonnen worden waren. Diese Zeit bedeutete auch für das Go-Spiel eine Phase des Niedergangs. Die Aristokraten waren wahrscheinlich mit kriegerischen Unternehmungen zu sehr beschäftigt, um an intellektuellem Vergnügen und den feinen Riten des Hofes Interesse zu finden. Aus dieser Zeit stammt nur wenig Literatur über das Spiel.

Im sechsten Jahrhundert nach Christus erlebte China einen neuen Aufschwung. Der Beginn der Sui-Zeit (581–618) brachte China erneut einen starken Kaiser. Schon bald wieder zeigte sich Chinas Größe in

Go-Spieler. Tang-Dynastie (618–907)

neuen kulturellen Hochleistungen, in seinen riesigen Werken der Wasserregulierung und der immer erfolgreicheren Expansionspolitik des Kaisers. Die Kunst und Literatur der Sui-Dynastie und der sie ablösenden T'ang-Zeit (618–907) gelten bis heute als die bedeutendsten der chinesischen Geschichte.

Auch für das Go-Spiel war dies eine gute Zeit. Die Literatur enthält hier besonders viele Hinweise auf das Spiel. Die Schicht der Elite mußte rasch wachsen, um die neuen Ämter der kaiserlichen Bürokratie zu füllen, und es war diese neue, gut ausgebildete Klasse, die sich für das Go interessierte.

Auch die ersten Bücher zur Strategie des Spiels stammen aus dieser Zeit. Der taoistische Einfluß auf diese Texte ist unverkennbar, der Vergleich zwischen Brett und Himmelskarte steht so im Vordergrund, daß man fast denken könnte, es handele sich um astrologische Texte.

Das sechste und siebte Jahrhundert waren auch für Japan von großer Bedeutung. Japan hatte sich erst im dritten Jahrhundert unter der Herrschaft der Yamato-Clans vereinigt. Das von als Priester fungierenden Clan-Häuptlingen kontrollierte System war zwar lange Zeit recht stabil gewesen, doch zu Anfang des sechsten Jahrhunderts zeigte es Zeichen beginnender Schwäche. Die Mächte, die den Frieden des Inselreichs bedrohten, kamen von China über die koreanische Halbinsel nach Japan.

Schon seit Jahrhunderten hatte Korea als Landbrücke zwischen dem chinesischen Festland und Japan gedient. Das chinesische Schreibsystem, der Buddhismus, ein Sonnenkalender, Bewässerungstechniken und viele andere Kulturgüter waren auf diesem Weg nach Japan gelangt. Die Japaner nahmen an den zahlreichen koreanischen Bürgerkriegen nicht nur teil, um wirtschaftliche oder militärische Vorteile zu erringen, sondern auch aus einer Faszination für das Festland und seine Kultur.

Es war der Buddhismus, der den japanischen Staat bedrohte. Die Macht eines japanischen Häuptlings wurde jeweils durch die örtliche Shinto-Gottheit legitimiert. Dies galt auch für den Yamato-Clan, dessen Sonnengott zum einigenden Symbol für ganz Japan geworden war. Der Buddhismus bedrohte also mit den Göttern des Herdes und der Heimat zugleich auch das gesamte politische System. Das sechste Jahrhundert war deswegen für Japan eine besonders unruhige Zeit, und der Streit zwischen Reformern und Konservativen spaltete sogar die Yamatos.

Erst nachdem der vom T'ang-Kaiser unterstützte König von Silla ganz Korea erobert und die japanischen Kolonisten aus dem südlichen Korea vertrieben hatte, ließ sich die Mehrheit der Japaner von der Überlegenheit der chinesischen Kultur überzeugen. Im Jahre 645 gelangte eine Gruppe buddhistischer Reformer durch einen Staatsstreich an die Macht. Das Jahr 646 hat daher im japanischen Kalender den Namen *Taika,* »der große Wandel«, erhalten. Nach chinesischem Vorbild wurde Nara zur Hauptstadt gewählt und das Land mittels eines Systems von Provinzen von einer zentralisierten Bürokratie verwaltet. Privatbesitz von Reisland wurde abgeschafft und eine Volkszählung durchgeführt, um eine planmäßige Erzeugung von Nahrungsmitteln und geregelte Besteuerung zu ermöglichen.

Laut japanischer Tradition wurde das Go-Spiel im Jahre 735 nach Japan gebracht. Dessen angeblicher Entdecker Kibi no Mabi war als junger Mann als Botschafter nach China geschickt worden. Dort blieb er achtzehn Jahre, bevor er wieder nach Japan zurückkehrte. In China hatte Mabi die Sitten gelernt, die auch in Japan als modern galten. Nach seiner Rückkehr war er deswegen gesellschaftlich sehr gefragt, und noch heute erinnern sich die Japaner an ihn als einen hochkultivierten und gebildeten Mann.

Mabi soll ein starker Go-Spieler gewesen sein, allerdings muß er manchmal ziemlich merkwürdige Strategien angewandt haben. Eine Anekdote über ihn erzählt von einer Partie, die er einmal gegen einen starken chinesischen Spieler spielte. Als die Partie sich dem Ende näherte, merkte Mabi, daß er verlieren würde. Verzweifelt begann er, die von seinem Gegner gefangenen und beiseite gelegten Steine zu stehlen und heimlich zu verschlucken. Da jeder gefangene eigene Stein ein Punkt für den Gegner war, erhoffte er, dadurch den Sieg doch noch zu erringen. Unglücklicherweise wurde er von einem Freund seines Gegners erwischt. Die Chinesen, die als Taoisten über eine Reihe von Zaubermitteln verfügten, zwangen ihn, ein Abführmittel zu trinken, um die schon geschluckten Steine zählen zu können. Das Abführmittel freilich erwies sich als unwirksam, und Mabi konnte die Partie gewinnen.

Obwohl Mabi wahrscheinlich das Verdienst zufällt, das Spiel unter den japanischen Aristokraten verbreitet zu haben, ist er mit Sicherheit nicht der erste, der Go nach Japan brachte. Das Spiel muß viel früher, vielleicht schon um das Jahr 500, eingeführt worden sein. Die ersten, die in Japan Go gespielt haben, waren wahrscheinlich die Mitglieder der großen chinesischen und koreanischen Gemeinden, die dort seßhaft geworden waren. Diese Gruppen, die vor allem aus politischen Flüchtlingen bestanden, blieben trotz eines relativ gastfreundlichen Empfangs von der japanischen Gesellschaft weitgehend getrennt. Trotzdem gab es genug Kontakt mit den Japanern, um das Spiel auch in weiteren Kreisen bekannt zu machen.

Im Jahre 689, also schon 46 Jahre, bevor Kibi no Mabi das Spiel nach Japan gebracht haben soll, stand Go auf einer Liste von verbotenen Spielen, die von der Kaiserin Jito erlassen worden war. Zwölf Jahre später allerdings, im Jahre 701, verbot ein zweites Dekret den buddhisti-

Utagawa Kunisada (1786–1846): Illustration zum Genji-Roman.

Illustration zum Genji-Roman.

schen Priestern erneut den Genuß von Musik und Glücksspielen. In diesem Gesetz aber wird dem Go ausdrücklich bestätigt, nicht zu den Glücksspielen zu zählen, und deshalb ein erlaubtes Spiel zu sein.

Es geschah im achten Jahrhundert, also der Zeit von Kibi no Mabi, daß das Spiel eine stärkere Verbreitung fand. Dem gemeinen Volk blieb es allerdings weiterhin verboten, so daß nur die Samurai, Aristokraten und buddhistischen Priester sich damit beschäftigen durften. Diese Beschränkung des Zugangs zum Spiel auf die höheren Klassen hat sich bis zum Anbruch der Moderne im 19. Jahrhundert erhalten. Vielleicht ist dies mit ein Grund für den besonderen Ruf, den das Go-Spiel in Japan auch heute noch genießt.

In alten Dokumenten, die das Leben am japanischen Kaiserhof beschreiben, kommt Go nicht selten vor.

Im *Nihon Koki*, einer Sammlung alter japanischer Texte, findet sich folgende Stelle: »Im dritten Monat des zehnten Jahres von Tenchi (833 n. Chr.) unterhielt der Kaiser (Kaiser Minmyo) die Höflinge mit Sake (japanischem Reiswein) in der Shishinden-Halle, und man spielte Go.«

Im *Sandai Jitsuroku* (»Audienzen beim Kaiser«) wird von einem Fest am Hof berichtet, das im August 874 stattfand. Der Kaiser Seiwa veranstaltete auf dem Fest ein Go-Turnier, und zehn Kan in neuen Münzen wurden unter den Gewinnern verteilt.

In dem bekannten Roman *Genji Monogatari* (»Die Geschichte von Genji«) gibt es eine berühmte Szene, in der Go eine Rolle spielt. Prinz Genji, die Hauptfigur des Romans, will heimlich ein Mädchen treffen, das ihm sehr gefällt. Er versteckt sich im Garten ihres Hauses und wartet darauf, daß alle Bewohner zu Bett gehen. Nachdem er einige Zeit gewartet hat, beginnt er, sich zu langweilen. Er wagt es deshalb, sich zum Haus zu schleichen und durch ein Fenster hineinzuschauen. Da sieht er, wie das Mädchen gerade eine Partie Go spielt mit einer Freundin, die zu Besuch gekommen ist. Genji kennt die Freundin nicht, doch obwohl er sie sehr hübsch findet, macht sie auf ihn einen unangenehmen Eindruck. Die Partie ist nämlich gerade zum Ende gekommen, und sie besteht darauf, die Punkte zusammenzuzählen, damit beide Spieler erfahren, wer gewonnen hat. Dieses Verhalten wirkt sehr abstoßend auf Genji, da man Go nicht spielte, um zu bestimmen, wer der Stärkere war, sondern um die Schönheit des Spieles zu genießen. Wenn beide Spieler gut gespielt hatten, und die Partie einen knappen Ausgang nahm, dann war es eine schöne Partie, und es galt als kleinlich, jeden einzelnen Punkt nachzuzählen.

Genji jedoch hat ein großes Herz, und nachdem er später durch das dunkle Haus geirrt und aus Versehen in das Bett des fremden Mädchens geraten ist und dort die Nacht verbracht hat, entscheidet er, daß sie vielleicht doch nicht so unsympathisch sei, wie er anfangs gedacht hatte.

Die Geschichte ist interessant, weil sie viel über die Stellung des Spiels im damaligen Japan zeigt. Der Dialog während des Spiels der beiden Mädchen enthält so viele spieltechnische Ausdrücke, daß jemand, der das Spiel nicht gut kannte, überhaupt nicht verstehen konnte, wovon die Rede war. Das zeigt, wie populär das Spiel gewesen sein muß. Daß Genji, zweitens, den Charakter des Mädchens aufgrund seiner Einstellung zum Spiel beurteilt, beweist, daß das Spiel selbst bereits eine hohe moralische und intellektuelle Wertschätzung genoß.

Der buddhistische Priester Kanren wird im *Saikyu-ki*, einer alten Chronik der Ereignisse am Hof, erwähnt: »Am 24. September, im vierten Jahre Engi (904), wurde Kanren zum Palast geholt, um mit Kiyotsura und einem anderen Go zu spielen.«

Im *Konjyaku Monogatari*, einer Sammlung alter Märchen, die wahrscheinlich im Jahre 1077 zusammengestellt wurde, findet sich die folgende Erzählung über Kanren:

»Eines Tages war Kanren auf dem Weg vom kaiserlichen Palast nach Hause, als er durch die Ichijo-Straße (nicht weit von Tokyos heutigem Hauptbahnhof) kam. Plötzlich lief ihm ein Mädchen nach und sagte: »Mein Meister würde sich sehr freuen, wenn Sie ihn besuchen könnten« und gab ihm die Adresse eines Hauses. Kanren war natürlich reichlich überrascht, aber die Einladung hatte ihn so neugierig gemacht, daß er sie annahm.

Das Haus war klein, aber angenehm gestaltet und besaß einen sorgfältig gepflegten Steingarten. Da ihn niemand an der Tür empfing, betrat Kanren das Haus. Er hörte die schöne Stimme einer Frau: »Mein verstorbener Vater hat mir Go beigebracht. Ich weiß, daß Sie der stärkste Spieler in ganz Japan sind, und als ich sah, wie Sie an meinem bescheidenen Haus vorbeigingen, wagte ich, Sie einzuladen, um meine Geschicklichkeit zu prüfen.«

Kanren schaute sich um und bemerkte, daß jemand hinter einem Bambusvorhang auf einer Seite des Zimmers saß. Hinter dem Vorhang war es dunkel, und Kanren konnte die Dame nicht erkennen. Vor dem Vorhang stand ein Go-Tisch mit den beiden Schalen für die Steine. Kanren setzte sich auf ein Kissen, das vor dem Tisch lag. Sie sei zu scheu, um hinter dem Vorhang hervorzukommen, sagte die Dame und bat ihn, für sie die Steine aufs Brett zu setzen. Während sie das sagte, fuhr ein langer, dünner Stock durch den Vorhang und zeigte auf Tengen, die Mitte des Bretts. Kanren legte einen Stein auf den bezeichneten Punkt und machte seinen Zug. Die Dame zeigte wieder mit ihrem Stock auf einen Punkt, und so ging die Partie weiter. Es dauerte nicht lange, bis Kanren merkte, daß, obwohl er der stärkste Go-Spieler Japans genannt wurde, seine Gegnerin ihn besiegen würde. Er wurde immer nervöser, weil er den Verdacht hegte, es handele sich bei ihr um

Die sieben Weisen im Bambushain. Zeichnung für einen Tuschestein (ca. 16. Jh.).

Die Versammlung der Gelehrten (16. Jh.?).

ein übernatürliches Wesen, vielleicht sogar um einen Fuchsgeist, da Fuchsgeister ja bekanntlich oft die Gestalt einer jungen Frau annehmen, um die Sterblichen zu täuschen und zu verführen.

Noch bevor die Partie zu Ende war, geriet Kanren in solche Panik, daß er aus dem Haus floh, ohne seine Schuhe, die er am Eingang ausgezogen hatte, mitzunehmen. Am nächsten Tag erzählte er dem Kaiser Uda-in, was ihm passiert war. Der Kaiser schickte ein paar Männer zum angegebenen Ort, aber sie fanden kein Haus, nur den Leichnam einer buddhistischen Nonne. Alle stimmten überein, daß die geheimnisvolle Dame der Geist der Nonne gewesen sein mußte.«

Kaiser Uda-in war ein begeisterter Go-Spieler, der seinen Thron vorzeitig seinem Sohn überließ, um mehr Zeit für das Spiel zu finden. Kanren war sein Lehrer, und der Kaiser lud ihn oft ein, um am Hofe Go zu spielen. Kaiser Uda-in galt als relativ starker Spieler und mußte nur zwei Vorgabesteine von Kanren nehmen.

Im Auftrag des Kaisers soll Kanren mehrere Bücher über das Spiel geschrieben haben, darunter das *Go Shiki,* die Go-Regeln. Diese Bücher sowie die Aufzeichnungen der Partien Kanrens sind jedoch nicht überliefert, da sie im Onin-Bürgerkrieg (1467–1477), wie so viele andere Schätze, verbrannten.

Das gesamte Mittelalter hindurch wurde Go vom Kaiserhaus wohlwollend gefördert. Wo ein Kaiser sich nicht besonders für das Spiel interessierte, gab es dennoch stets genug Höflinge, die Go spielten, um starke Spieler als Lehrer an den Hof zu holen. Go galt in Japan als eine Kunst, und jemand, der das Spiel nicht beherrschte, galt als schlecht erzogen.

Die Situation des Spieles und der großen Spieler am Hof kann man mit der der großen Musiker im Europa des 18. und 19. Jahrhunderts vergleichen. Auch diese Musiker dienten den Mitgliedern der königlichen Familien als Musiklehrer, und die Konzerte, die am Hof veranstaltet wurden, entsprachen den Go-Turnieren am japanischen Kaiserhof.

Als das Spiel in Japan noch neu war, wurde es dem Volk verboten und blieb tatsächlich bis zum 19. Jahrhundert ausschließlich eine Beschäftigung der ausgebildeten Klassen. Die ersten Japaner, die Freude am Spiel fanden, waren Aristokraten, die es liebten, die Sitten der Chinesen zu imitieren. Im Mittelalter verbreitete sich das Spiel dann auch unter den anderen Angehörigen der gebildeten Schichten, unter den Samurai und den buddhistischen Mönchen. Das Spiel war vor allem bei den Generälen wegen seiner kriegerischen Aspekte sehr geschätzt. Oft wurden Go-Bretter in den Krieg mitgenommen; wenn eine Schlacht zu Ende war, holte man die Spiele hervor, und es begann ein friedlicher Kampf, manchmal auch zwischen den gegnerischen Generälen. Es wird sogar berichtet, daß einmal zwei Generäle mit einer Go-Partie das Ergebnis einer Schlacht bestimmten, um ein Blutbad zu vermeiden.

Obwohl der äußere Ablauf einer Go-Partie einer Schlacht nicht sehr ähnlich sieht, wurde die strategische Denkweise, die das Spiel verlangt, von militärischen Denkern so hoch geschätzt, daß das Spiel zum Pflichtfach in der militärischen Ausbildung wurde.

Versuche, Analogien zwischen Go und realen Kämpfen zu konstruieren, wobei das Brett das Schlachtfeld und die Steine die Soldaten symbolisieren, sollten nur sehr behutsam unternommen werden. Das kann angesichts des astrologischen Ursprungs des Spieles auch nicht besonders überraschen. Auf jeden Fall vollzieht sich im Go ein abstrakter Kampf, und zwar auf einem so grundsätzlichen und allgemeinen Niveau (alle Steine sind gleich; es gibt nur wenige, sehr einfache Regeln), daß Grundzüge hiervon in beinahe allen realen Auseinandersetzungen wiedergefunden werden können. Da über diesen Punkt im vierten Teil dieses Buches noch ausführlicher gesprochen wird, sollen hier einige Beispiele genügen.

Der Go-Spieler muß eine Bereitschaft zum Opfer zeigen. Das liegt daran, daß der Gegner einem Spieler natürlich nicht erlauben wird, jeden Stein zur idealen Wirkung zu bringen, sondern dessen Pläne mit seinen eigenen Absichten durchkreuzt. Um Erfolge auf einem Teil des Bretts zu erringen, muß man also bereit sein, dem Gegner ähnliche – günstigerweise geringere – Erfolge auf einem anderen Teil des Bretts zuzugestehen. Hier liegt der Vergleich mit militärischem Denken natürlich auf der Hand, wo im Dienst des entscheidenden Siegs stets auch eigene Verluste einkalkuliert werden.

Die Opferbereitschaft findet ein gewisses Widerspiel im Prinzip der Verantwortung für das Einzelne, den einzelnen Stein. Ein guter Spieler wird natürlich versuchen, so wenig eigene Steine wie möglich vom Gegner fangen zu lassen, ohne aber Steine, die nur zum Nachteil des Ganzen verteidigt werden könnten, um jeden Preis behalten zu wollen. Anfänger begehen fast immer den Fehler, jeden einmal gesetzten Stein unbedingt verteidigen zu wollen, wodurch sie häufig in nachteilige Positionen geraten.

Zwei weitere Aspekte des Spiels, die den mittelalterlichen Feldherren Japans sehr wichtig waren, betreffen die Notwendigkeit von globalem Denken und das paradoxe Verhältnis von Flexibilität und Zielstrebigkeit. Mit globalem Denken meinte man vor allem, daß strategische Überlegungen Vorrang vor der Taktik haben müssen. Das Paradoxon hingegen entsteht dadurch, daß man konsequent auf bestimmte Ziele hinarbeitet unter rasch sich verändernden Bedingungen, so daß alte Ziele plötzlich sinnlos oder unerreichbar werden und neue Herausforderungen angenommen werden müssen.

Go-Spieler. Han-Dynastie (206 v. Chr.–220 n. Chr.)

Den wohl weitestgehenden Vergleich zwischen Go und tatsächlicher Kriegführung versuchte der Journalist Scott Boorman, der die revolutionäre Strategie Mao Tse-Tungs im Licht einiger Grundsätze des Go interpretierte. Die erste Gemeinsamkeit fand er im Prinzip des Partisanenkriegs selbst. Im Go stehen sich nicht, wie beim Schach, zwei Armeen frontal gegenüber, sondern es können jederzeit Steine in ein bereits sicher geglaubtes Gebiet des Gegners eingesetzt werden. Diese können vielleicht letztlich nicht alle gerettet werden, doch sie schaffen ein solches Potential an Unsicherheit, daß sie den Gegner zu einer vorsichtigen, defensiven Spielweise zwingen.

Auch in der formalen Gleichheit der Go-Steine, im Gegensatz zur feudal-hierarischen Armee des Schach, sah Boorman Verbindungen zur Bauernarmee Maos.

Eine letzte Parallele schließlich entdeckte er in der Dialektik von Angriff und Verteidigung. Ein zunächst defensiv aussehender Zug festigt eine Stellung, von der aus dann später ein desto nachdrückliche-

主馬佐酒田公時

rer Angriff vorgetragen werden kann, eventuell verbunden mit der geheimen Absicht, bei zu starker Gegenwehr die ganze Stellung dennoch aufzugeben im Tausch für einen größeren Vorteil an anderer Stelle.

Die japanischen Buddhisten haben das Spiel natürlich in einem ganz anderen Licht gesehen. Der im Vordergrund der militärischen Denkweise stehende Kampf war für die Mönche von geringerer Bedeutung. Sie waren vor allem von jenem Aspekt des Spiels fasziniert, den der japanische Schriftsteller und Nobelpreisträger *Kawabata Yasunari* als *Shin'o* (mysteriöse Tiefe) oder *Yugen* (abstruser Tiefsinn) bezeichnete.

Der Kampf, der die Mönche sehr wohl interessierte, fand nicht im Streit um den Sieg über den Gegner statt, sondern als Kampf gegen sich selbst. Das erste von zehn aus dem chinesischen Altertum überlieferten Geboten gibt Go-Spielern den Ratschlag, jeden selbstsüchtigen Wunsch nach Sieg aufzugeben. Nur wer das geschafft hat, könne wirklich spielen. Da man sich natürlich über einen Sieg freut und von Niederlagen entmutigt wird, ist dieser Rat nicht leicht zu befolgen. Er bereitet gerade dem Anfänger besondere Probleme, da er sich ja fragt, weshalb er überhaupt spielen soll, wenn nicht, um zu gewinnen. (Im vierten Teil wird auf diese Regel noch ausführlicher eingegangen.) Auch die stärksten Spieler müssen gegen ihre eigenen schlechten Gewohnheiten immer noch mindestens so energisch ankämpfen wie gegen ihren Widersacher im Spiel.

Die buddhistischen Mönche fanden im Go eine Bestätigung und praktische Übung der Erkenntnis, die Wahrheit nicht draußen, sondern im eigenen Innern zu suchen. In seiner Weise zu spielen entdeckt der Meditierende Grundzüge seines Charakters, es enthüllen sich Besitzstreben und Geiz, Leichtsinn und Feigheit, aber auch Besonnenheit, geistige Beweglichkeit und kämpferische Entschlossenheit.

Wer mit dem Go nicht so vertraut ist, mag das alles für übertrieben halten, und in der Tat ist der Anfänger zunächst vollauf beschäftigt mit dem Erlernen der taktischen und strategischen Grundlagen des Spiels. Wenn er dann aber einmal die krassesten Einzelfehler hinter sich läßt und erkennt, daß die wahren Probleme des Go in der Wahl und konse-

◁ *Kunyoshi (1798–1861): Der Held Raiko und zwei seiner Getreuen (1861).*

quenten Ausführung der Grundlagenentscheidungen stecken, wird er begreifen, wie sehr er hier auch geistige Entscheidungen zu treffen hat.

Eine Veränderung, die die Entwicklung des Spiels sehr stark beeinflußte, war die Abschaffung der *Zuozi*-Regel, wie sie die Chinesen nannten. Diese Regel bestimmte, daß vor Beginn des Spiels bereits zwei weiße und zwei schwarze Steine über Kreuz in die vier Ecken des Brettes gesetzt wurden (vgl. Partie Eins). Die Regel wurde in Japan im 14. oder 15. Jahrhundert abgeschafft, in China hingegen erst im 20. Jahrhundert. Um die Bedeutung dieser Regelveränderung zu erklären, soll ein Vergleich zum Schach gezogen werden. Die *Zuozi*-Regel war in der Frühzeit des Go erfunden worden, um die Eröffnungsphase des sowieso komplizierten Spiels zu vereinfachen und die Spannung des Kampfes zugänglicher zu machen. Man muß sich ein ähnliche Regel beim Schach vorstellen, um zu sehen, was für eine Vereinfachung des Spiels sie bedeutete. Eine solche Regel müßte vorschreiben, daß beide Spieler eine bestimmte Eröffnung bis zum vierten Zug zu spielen hätten. Die Abschaffung einer solchen Regel nach Jahrhunderten, in denen nur diese Eröffnung gespielt worden wäre, müßte eine ganz neue Schachwelt eröffnen.

Nach der Abschaffung dieser Regel entwickelte sich Japan zum internationalen Zentrum des Go. Ausländer, die nach Japan kamen, um an Go-Turnieren teilzunehmen, konnten sich gegen die starken japanischen Spieler nicht behaupten. Dies galt noch bis vor wenigen Jahren, als die stärker werdenden chinesischen Spieler begannen, die ausschließliche japanische Überlegenheit zunehmend in Frage zu stellen.

Die Tokugawa-Zeit

Es war ein Glück für das Go-Spiel, daß die drei Kriegsherren, die Japan im späten 16. Jahrhundert, nach einer schlimmen Zeit der Bürgerkriege, wieder vereinigten, überaus begeisterte Go-Spieler waren. Das Wohlwollen dieser drei für die Geschichte Japans so wichtigen Männer und die dem Spiel zuteil werdende Unterstützung des von ihnen begründeten Shogunats trugen wesentlich zur Entwicklung des Go bei.

Stichblatt eines Samurai-Schwertes mit Go-Motiv.

Der erste General war Oda Nobunaga (1534–1582). Um sein Go zu verbessern, suchte er nach dem stärksten Spieler Japans, um ihn zu seinem Lehrer zu machen. Er fand ihn in einem buddhistischen Mönch der Nichiren-Sekte namens Nikkai (1559–1623). Als Nobunaga ihn kennenlernte, war der bereits Meister einer Go-Schule, die er nach der Pagode, in der er wohnte, *Honinbo* nannte. 1578 lud Nobunaga Nikkai nach Edo (Tokyo) ein, um ein paar Partien Go mit ihm zu spielen. Nobunaga war von Nikkais Fähigkeiten so beeindruckt, daß er ihm den Titel *Meijin* (Meister) verlieh, der in der späteren Geschichte des Spiels so große Bedeutung annehmen sollte. Nach dieser ersten Begegnung kam Nikkai öfters von Kyoto nach Tokyo, um Schaukämpfe zu spielen oder Nobunaga Unterricht zu geben.

Vier Jahre später, im Jahre 1582, fand die berühmt gewordene Partie zwischen Nikkai und seinem größten Rivalen, Kashio Rigen, in Gegenwart Nobunagas statt. Im Verlauf der Partie entwickelte sich eine Position, die man als dreifaches Ko bezeichnet. Im steten Wechsel konnten immer wieder die gleichen Steine geschlagen werden, so daß die Partie ergebnislos abgebrochen werden mußte. Am nächsten Tag traf die Nachricht ein, Nobunagas Alliierter Akechi Mitsuhide habe sich plötzlich gegen seinen Herrn erhoben. In der unvermeidlichen Schlacht kam Nobunaga ums Leben. Seit diesem Tag wird das dreifache Ko für unheilbringend gehalten und gemieden.

Der Rebell Akechi Mitsuhide wurde ebenfalls noch im gleichen Jahr von Toyotomi Hideyoshi (1536–1598), dem zweiten der drei großen Generäle, umgebracht. Acht Jahre später, im Jahre 1590, vereinigte Hideyoshi ganz Japan und wagte 1592 eine Invasion nach Korea. Hideyoshi war ebenfalls ein begeisterter Go-Spieler, und er organisierte ein großes Turnier, um die stärksten Spieler des Landes herauszufinden.

Nikkai, der seinen Namen inzwischen in Honinbo Sansa geändert hatte, gewann das Turnier. (Japanische Go-Spieler, wie auch Künstler und Schriftsteller, ändern ihre Namen ziemlich oft, was manchmal zu Verwirrung führt. Setzusan Inseki z.B. gab sich im Laufe der Zeit sogar acht verschiedene Namen.) Sansa erhielt nach diesem Turnier von Hideyoshi ein jährliches Einkommen, und wer danach gegen ihn spielen wollte, war gezwungen, einige Vorgabesteine von ihm zu nehmen.

Die übrigen Spieler des Turniers wurden entsprechend ihrer Stärke in das neu geschaffene Dan-System eingestuft. Der Vorteil der Rangordnung im Dan-System, das auch heute noch gilt, besteht darin, daß jeder Differenz der Spielstärke eine genaue Anzahl von Vorgabesteinen entspricht, um diesen Unterschied auszugleichen. Spieler unterschiedlicher Stärke wissen also sofort, mit welchem Handicap sie gegeneinander antreten müssen.

Hideyoshi starb 1598, und Japan versank in einem neuen Bürgerkrieg, der zwei Jahre währte, bis zur Schlacht von Sekigahara. Der wegen seiner aus dem Westen eingeführten Feuerwaffen siegreiche Feldherr hieß Tokugawa Ieyasu; er war der dritte und größte der drei Feldherren, die Japan vereinigten. Drei Jahre nach der Schlacht erhielt Tokugawa den Titel Shogun (General) und übernahm im Auftrag des Kaisers die Regierungsgeschäfte. Dies markiert den Beginn der Tokugawa- (oder Edo-)Zeit, die bis 1868 andauerte.

Tokugawa galt, wie seine beiden Vorgänger, als begeisterter Go-Spieler. Als er sein Amt übernahm, traf er drei Maßnahmen, die die privilegierte Position des Spiels in der japanischen Gesellschaft für fast drei Jahrhunderte absicherten. Gemeint sind erstens die Gründung von vier Go-Schulen, zweitens die Einrichtung des Godokoro, des Ministeriums für Go-Angelegenheiten und drittens die Genehmigung des

Oshiro-Go, eines Turniers, das jedes Jahr am Hof in Gegenwart des Shogun ausgetragen wurde.

Im Jahre 1612 gewährte der Shogun den vier stärksten Go-Spielern Japans jeweils ein Haus sowie ein regelmäßiges Einkommen in Form eines Stücks Reisland und eines jährlichen Stipendiums von mehr als 200 Kilogramm Reis. Diese Spieler waren der oben erwähnte Honinbo, ein zweiter buddhistischer Mönch der Nichiren-Sekte namens Inoue sowie zwei Mönche der Joda-Sekte, Yasui und Hayashi. Die Mönche wurden die ersten Meister der vier Schulen oder Go-Häuser, die man nach ihnen benannte und die das Zentrum der Go-Welt während der Tokugawa-Zeit bildeten.

Die Existenz der vier Go-Häuser wurde von Generation zu Generation durch ein Erbsystem gesichert. Die Nichiren-Mönche (aber nicht die Joda) lebten im Zölibat und hatten daher keine leiblichen Erben. Meistens adoptierte der Meister seinen stärksten Schüler, der nach dem Tod des alten Meisters die Verantwortung für das Haus übernahm. Dieses System überlebte bis 1869, als die gesamten Einrichtungen des Shogunats abgeschafft wurden.

In der Tokugawa-Zeit entfaltete sich die Konkurrenz zwischen diesen vier Häusern zur treibenden Kraft der Entwicklung des Spiels. Da dieser Konkurrenzkampf für die Ehre aller vier Häuser so wichtig war, wurden junge, begabte Go-Spieler gezielt ausgesucht und so früh wie möglich nach Edo (Tokyo) gebracht. Manche Spieler begannen schon im siebten oder achten Lebensjahr mit dem intensiven Unterricht, der niemals aufhörte, bevor der Spieler starb oder in Rente ging.

Beim Eintritt in die Schule mußte der neue Spieler seinen Kopf rasieren und ein Gelübde ablegen. Für die Spieler der Honinbo- und Inoue-Schulen umfaßte dies unter anderem das Gebot des Zölibats. Das Leben in den Klöstern war wegen der großzügigen Unterstützung durch die Regierung zwar nicht allzu hart, aber es wurde streng nach den Vorschriften der jeweiligen Sekte geführt. Das Konkurrenzdenken trieb nicht nur die jungen, sondern auch die alten Spieler zu extrem intensivem Studium des Go-Spiels. Die regelmäßigen Turniere in Gegenwart von Gönnern oder potentiellen Förderern des Spiels zwangen die Spieler zu immer höheren Leistungen, vor allem gegenüber Spielern der anderen Schulen. Manche neuen Züge wurden monatelang untersucht, sorgfältig geheimgehaltene Strategien wurden in den gro-

Yashima Gakutei (ca. 1786–1868): Go-Spieler.

ßen Turnieren zum ersten Mal in der Öffentlichkeit angewandt, um den Gegner, wie es auch häufiger gelang, zu überraschen und den Sieg zu erringen.

Für das Go brach ein neues Zeitalter an. Nie zuvor war das Element der Konkurrenz so wichtig gewesen, und nie zuvor wurde seine Strategie so wissenschaftlich studiert und verbessert. Man kann sagen, daß die moderne, heute übliche Weise, Go zu spielen, in den vier Go-Häusern geboren wurde.

Die zweite Maßnahme, die Tokugawa traf, war die Einrichtung des Godokoro, eines Ministeriums für Go-Angelegenheiten. Eigentlich war das Godokoro eine Abteilung des Jisha-bugyos, des Ministeriums für religiöse Angelegenheiten. Das mag vielleicht jemanden überraschen, der Go für »ein Brettspiel wie Schach« hält, doch die Japaner fanden diesen Zusammenhang offensichtlich, da das Go-Spiel ja bereits seit Jahrhunderten in engster Verbindung zum Buddhismus stand.

Der Godokoro oder Go-Minister war der wichtigste Beamte der Go-Welt. Er war für die Einstufung der Spieler verantwortlich und konnte als einziger die Bescheinigungen der Spielstärke unterschreiben. Nachdem ein Spieler zum Godokoro geworden war, durfte er an keinen Turnieren mehr teilnehmen, da er zugleich als Lehrer des Shogun fungierte. Er war für alle Go-Zeremonien verantwortlich und mußte die amtlichen Turniere, insbesondere das jährliche Hofturnier, organisieren. Auch Spiele gegen Ausländer und Partien, die in Gegenwart des Kaisers ausgetragen wurden, fielen unter seine Verantwortung. In seinem Bereich hatte sein Wort die Kraft eines Gesetzes, und die Spielstärkebescheinigungen, die er ausgab, galten innerhalb Japans sogar als Reisepässe.

Um Godokoro zu werden, mußte man allgemein als stärkster Spieler seiner Zeit, oder Meijin, anerkannt sein. Die Meister der vier Go-Häuser mußten einmütig zustimmen. Während der Tokugawa-Zeit gab es insgesamt nur acht Meijins, und deshalb blieb das Amt des Godokoros normalerweise unbesetzt. In diesem Fall übernahm eine Kommission der vier Meister der Häuser die Aufgaben des Godokoro.

Nur ein großer Spieler konnte Godokoro werden. Manchmal kam es vor, daß ein Spieler so ausgezeichnet spielte, daß alle sofort bereit waren, ihn als Meijin-Godokoro anzuerkennen. Dies war zum Beispiel bei Honinbo IV. Dosaku der Fall. Wenn zwei oder mehr starke Spieler sich bewarben, wurde mit Genehmigung des Jisha-bugyos ein Turnier (Sogo) veranstaltet. In der Tokugawa-Zeit wurden sechs solcher Sogos begonnen, aber nur ein einziges wurde tatsächlich zu Ende gespielt und kam zu einer klaren Entscheidung.

Die dritte Einrichtung des Tokugawa-Shogunats, die für die Entwicklung des Go entscheidend war, betraf das Oshiro-Go, ein Turnier, daß jedes Jahr am Kaiserhof in Gegenwart des Shogun stattfand. Diese Hofturniere hatten ihren Ursprung in den von Nobunaga veranstalteten Turnieren, aber am Anfang des 17. Jahrhunderts, wahrscheinlich im Jahr 1605, wurden sie zu einer offiziellen Zeremonie des Shogunats erhoben. Anfangs gab es kein spezifisches Datum für das Turnier, aber 1728 setzte man den 17. November als Termin fest.

Zuerst durften nur acht Spieler am Hofturnier teilnehmen, die vier Meister und ihre offiziell anerkannten Erben. Später konnten alle Spieler, die den 7. Dan (Meistergrad) erreicht hatten, mitspielen, und im 19. Jahrhundert durften auch Spieler ab dem 5. Dan teilnehmen, wenn sie von einem der Meister empfohlen wurden.

Das Hofturnier fand unter der Aufsicht des Jisha-bugyos in der Go-Kokushoin-Halle des Edo-Palastes statt, und die Zeremonie wurde mit großer Feierlichkeit begangen, ob der Shogun nun anwesend war oder nicht. Wenn er zu beschäftigt war, wurde er von einem seiner Minister vertreten. Konnte er nur einen Teil der Zeremonien besuchen, so wurden die Partien bis zum Beginn des Endspiels durchgeführt, aber die letzten und entscheidenden Züge spielte man dann erst in Anwesenheit des Shogun. Ursprünglich wurden die Partien am Tag der Zeremonie ausgetragen, aber im Jahre 1660 zog sich das Sogo zwischen Yasui Sanchi und Honinbo Doetsu so lange hin, daß die Partien abgebrochen und am nächsten Tag im Haus des Jisha-bugyos weitergespielt werden mußten. Dieser Zwischenfall führte zur Einrichtung des sogenannten *Shitauchi,* wobei die Partien unter Ausschluß der Öffentlichkeit zwischen dem 11. und 16. November ausgetragen und dann am 17. November, dem Tag der Zeremonie, einfach nachgespielt wurden. Um die Ergebnisse dieser Partien geheim zu halten, wurden die Spieler eingeschlossen und bis zum Tag der Zeremonie von der Umwelt isoliert.

Nach den offiziell vorgesehenen Partien konnten auf Wunsch des Shogun zusätzliche Partien gespielt werden. Diese wurden normaler-

Kanō Sōchin (18. Jh.): Go-Spieler.

weise sehr schnell vorgetragen, aber sie waren für die Go-Welt extrem wichtig, weil sie zeigten, wie stark bei Hofe das Interesse am Go war.

Die amtliche Unterstützung des Spiels durch die Regierung und die stetig wachsende Beliebtheit des Spiels unter den Samurai und reichen Händlern boten eine ideale Umwelt für die Entwicklung des Go. Die Konkurrenz unter den vier Go-Häusern entsprang eigentlich der Konkurrenz um die Unterstützung durch wichtige politische Personen. Auch reiche Händler veranstalteten Turniere, und ihr Bestreben, die bekanntesten Spieler anzulocken, führte zur Aussetzung immer höherer Preisgelder.

Dosaku, der Go-Heilige

Die Geschichte des Go in der Tokugawa-Zeit ist eine Geschichte des ununterbrochenen Fortschritts. Ein Spieler, der vielleicht mehr als jeder andere diesen Fortschritt ermöglichte, war der vierte Honinbo, Dosaku (1645–1705). Er ist wohl der berühmteste und auch beliebteste Spieler in der Geschichte des Spiels und einer der beiden Spieler überhaupt, die *Kisei* oder Go-Heiliger genannt werden.

Dosaku wurde im westlichen Teil Japans geboren. Als er sieben Jahre alt war, begann er mit dem Spiel. In seinem zwölften Lebensjahr kam er nach Edo und wurde ein Schüler Doetsus, des dritten Honinbo. Doetsu erkannte sehr früh sein Genie, und von Anfang an wurde er besonders ausgebildet, um Erbe des Hauses Honinbo zu werden.

Dosakus jüngerer Bruder war ebenfalls ein talentierter Go-Spieler, auch er ging sehr früh nach Edo. Später nahm er den Namen Inseki III. an und wurde zum Meister des Hauses Yasui. Zu der Zeit galt Yasui als das reichste und bekannteste der Häuser, doch Dosaku war überzeugt, daß Honinbo trotz seines geringen Wohlstands spielerisch das bessere der vier Häuser wäre.

Dosaku wird als der Wegbereiter des modernen Go betrachtet. Der große Durchbruch der Go-Theorie gegen Ende des 17. Jahrhunderts ist zum größten Teil mit seinem persönlichen Erfolg verbunden. Er konzentrierte seine Untersuchungen auf die sogenannten »Weite-Brett-Theorien«, anstatt, wie seine Vorgänger, nach immer neuen Verbesserungen der Technik des lokalen Kampfes zu suchen. Obwohl die letzten dreihundert Jahre viele neue Fortschritte gebracht haben, werden auch heute noch Theorien, die das ganze Brett einbeziehen, die »Dosaku-Schule« genannt.

Von all den Spielen, die Dosaku in seinem Leben absolvierte, erinnern sich die Japaner vor allem an eine Partie, die er beim Hofturnier 1683 spielte. Diese Partie kommentierte ein Zeitgenosse Dosakus, Genbi Hayashi, mit den Worten: »Obwohl Dosaku der einzige Go-Heilige ist, muß er manche seiner Partien bedauern. Doch diese Partie kann man nicht kritisieren. Bei jedem Zug war die Beurteilung der Position tadellos. Wirklich, diese Partie übersteigt mein Bewunderungsvermögen.« Bezeichnend für die Beurteilungsmaßstäbe des Kommentierenden und seiner Zeitgenossen mag es sein, daß er keinen Widerspruch empfindet zwischen seiner Bewertung und der Tatsache, daß Dosaku in dieser Partie durchaus der unterlegene Spieler war.

Mit der Tengen-Partie wurde eine weitere Partie berühmt, die Dosaku gegen Santetsu, den zweiten Meister des Hauses Yasui, beim Hofturnier 1670 spielte. Damals war Dosaku noch nicht der Meijin-Godokoro. Interessant ist die Strategie, die der Yasui-Meister anwandte. Vor dem Spiel schwor er, er werde seinen ersten Stein auf den zentralen Punkt, den *Tengen* (die Mitte des Himmels), setzen. Er war von der Wirksamkeit dieser Strategie so überzeugt, daß er gelobte, nie wieder eine Partie Go zu spielen, falls er diesen Kampf verlieren sollte.

Nach hartem Ringen konnte Dosaku die Partie schließlich mit neun Punkten gewinnen und Santetsu mußte das Spiel für immer aufgeben. Seine Faszination für die Sternpunkte, insbesondere den Tengen, rührte wohl daher, daß er zugleich auch astronomische Forschungen betrieb.

Ein paar Jahre später erhielt er die Ernennung zum amtlichen kaiserlichen Astronomen und nahm den Namen Shunchi Shibukawa an. Wegen seiner großen Entdeckungen als Astronom, besonders durch eine wichtige Verbesserung des japanischen Kalenders, ist Yasui im Gedächtnis der Nachwelt lebendig geblieben. Daß er ein ebenso fähiger Go-Spieler war, ist hingegen weitgehend in Vergessenheit geraten.

Go-Spieler. Edo-Zeit (1615–1868).

Das 19. Jahrhundert gilt als das goldene Zeitalter des Go-Spiels. In diesem Jahrhundert lebten mindestens zwölf Spieler, die man ob ihrer spielerischen Potenz als Genies bezeichnen muß. Das schaffte vor allem dann große Probleme, wenn es dazu kam, einen Meijin zu wählen. 1828 brach zwischen drei Spielern ein Kampf um diesen Titel aus, der bis zum Jahre 1842 nicht beendet werden konnte. Die hinterhältigen Tricks, die dabei eingesetzt wurden, entsprachen vielleicht nicht der Würde eines Go-Meisters oder Mönches, aber die Go-Liebhaber können nur dankbar sein, daß diese Kämpfe sich auf dem Brett in das schönste Go verwandelten, das in der langen Geschichte des Spiels erlebt werden durfte.

Einen Höhepunkt dieser Auseinandersetzungen konnte man bei Gelegenheit einer »Go-Party« erleben, die Prinz Matsudaira am 19. Juli 1835 veranstaltete. Dem 12. Honinbo, Jowa, war es durch politische Einflußnahme gelungen, zum Meijin ernannt zu werden, aber Gennan, der 11. Inoue, hatte die Hoffnung trotzdem noch nicht aufgegeben, den Titel zu erringen. Als Meijin durfte Jowa an keinem Turnier mehr teilnehmen und konnte darum nicht mehr herausgefordert werden. Aber mit Hilfe des einflußreichen Prinzen Matsudaira wurde ein Schaukampf arrangiert gegen den stärksten Schüler des Inoue-Hauses namens Akaboshi (1810–35). Akaboshi galt als ausgesprochenes Genie, und viele erwarteten, daß er später Meijin werden könnte. Akaboshi aber trug erst den 7. Dan. Gennan setzte daher darauf, daß Jowa den Schaukampf gegen den 7. Dan nicht gewinnen würde – dann könnte er um so leichter den Jisha-bugyo überzeugen, daß Jowa nicht die nötige Spielstärke besaß, um den Titel Meijin zu führen.

Am Anfang zumindest ging alles nach Plan. Jowa spielte im Fuseki (Eröffnung) zu aggressiv, und beim 33. Zug wählte Akaboshi eine geheimgehaltene Variante, die erst kürzlich von den Meistern des Inoue-Hauses ausgearbeitet worden war.

Doch am dritten Tag der sieben Tage dauernden Partie machte Jowa im Mittelspiel drei brillante Tesujis (Kampfzüge) hintereinander, die Akaboshi unter wachsenden Druck setzten. Während der weiteren Partie gewann seine aggressive und kraftvolle Spielweise eine immer stärkere Wirkung auf den jungen Spieler. Dies zeigte sich nicht nur auf dem Brett, sondern ließ sich auch an Akaboshis Gesundheit ablesen, die sich im Laufe der Woche ständig verschlechterte. Langsam konnte Jowa seine Position verbessern, und mit dem 218. Zug ergriff er wiederum die Initiative. Beim 246. Zug mußte Akaboshi aufgeben. Er fiel neben dem Tisch in Ohnmacht und erbrach Blut. Zwei Monate später war er tot.

Dieser dramatische Sieg bildete den Höhepunkt in Jowas Karriere, aber schon vier Jahre später, im Jahre 1839, mußte er seinen Titel aufgeben wegen des Skandals infolge der Intrigen, die ihn in sein Amt geführt hatten.

Der Sturz Jowas aber brachte Gennan kein Glück. Das Haus Honinbo war auf seinen Versuch, Meijin zu werden, vorbereitet. Bevor er den Titel führen durfte, mußte er ein Turnier von vier Partien gegen einen starken, jungen Herausforderer aus dem Haus Honinbo namens Shuwa (1820–1873) auskämpfen. Bereits die erste Partie brachte Gennan eine Niederlage bei. Schon zu diesem Zeitpunkt merkte er allzu deutlich, daß er keine Chance hatte, die restlichen drei Partien zu gewinnen. Der schlechte Ruf, in dem das Haus Honinbo wegen Jowas Intrigen stand, machte es allerdings unmöglich, daß Shuwa jemals Meijin werden konnte.

Der Titel des stärksten Spielers des Goldenen Zeitalters aber und zugleich des erfolgreichsten Spielers in der Geschichte des Go überhaupt gebührt einem andern: Honinbo Shusaku (1829–1862), den die Japaner den »Unbesiegbaren« nennen. Shusaku kam 1837 nach Tokyo, als er gerade erst acht Jahre alt war. Obwohl er schon damals recht stark aufspielte, war er natürlich noch nicht reif genug, um sich in die Rangeleien um den Meijin-Titel einzumischen.

Erst im Juli des Jahres 1846, Shusaku war gerade siebzehn Jahre alt, erfuhr die Go-Welt von seinen außerordentlichen Qualitäten. Auf dem Weg von seiner Heimat zurück nach Tokyo übernachtete er in Osaka bei Nakagawa Shunsetsu, einem Schüler Gennans. Obwohl Nakagawa ein 5. Dan war und Shusaku nur den 4. Dan innehatte, gewann Shusaku alle vier Partien, die sie miteinander spielten. Nakagawa war so beeindruckt von Shusakus Spielstärke, daß er ihn überredete, noch ein paar Tage in Osaka zu bleiben, wobei er zu verstehen gab, daß er eine Partie zwischen Shusaku und Gennan arrangieren könnte. Dies bedeutete eine hohe Auszeichnung für den jungen Mann.

Kunyoshi (1798–1861): Zeitvertreib der Katzen (um 1840).

Am 20. Juli fand die erste Partie zwischen Gennan und Shusaku statt. Genann war ein 8. Dan, Shusaku erst ein 4. Dan, so daß Shusaku bei dieser Partie die vorgeschriebenen zwei Vorgabesteine erhielt. Nach den ersten hundert Zügen wurde es aber so deutlich, daß das Handicap gegen Gennan zu hoch bemessen war, daß der von seinem Recht als stärkerer Spieler Gebrauch machte und die Partie abbrechen ließ.

Am nächsten Tag gab es eine neue Partie, dieses Mal bekam Shusaku lediglich Schwarz und keine Vorgabesteine, was für einen Spieler des 4. Dans gegen einen 8. Dan eine unerhörte Ehre darstellt. Schon beim 24. Zug spielte Gennan einen Trickzug, auf den Shusaku auch prompt hereinfiel. Später wurde die Partie unterbrochen, und am Ende des ersten Tages konnte Gennan zufrieden nach Hause gehen.

Am nächsten Morgen nahm man das Spiel wieder auf. In der Gruppe professioneller Spieler, die sich als Zuschauer versammelt hatten, befand sich auch ein Arzt. Obwohl alle Experten darin übereinstimmten, daß Genann die Partie gewinnen müßte, äußerte sich der Arzt, obgleich kein besonderer Experte, als vom Gegenteil überzeugt. Als ihn die anderen fragten, wieso er dieser Meinung sei, antwortete er:

»Ich weiß nicht viel vom Go, aber als Shusaku den Zug 127 spielte, sah ich, daß Gennans Ohren ganz rot wurden. Das ist ein Zeichen, daß er sehr aufgebracht gewesen sein mußte. Der Zug muß ihn überrascht haben.«

Dieser Zug, der in die Annalen als der »Ohren-rötende-Zug« eingegangen ist, ließ die Partie zur berühmtesten in der Geschichte des Go werden. In der Tat hatte Gennan allen Grund, aufgebracht zu sein. Shusaku hatte den perfekten Zug gefunden. Sein Stein lag fast allein in der Mitte des Bretts, aber wegen der einzigartigen Position strahlte sein Einfuß in jeden Winkel des Bretts. Mit diesem Zug war die Partie zwar noch nicht gewonnen, aber er markierte ihren Wendepunkt. Wie häufiger im Go erinnert man sich an diese Partie nicht nur als ein Meisterwerk Shusakus, sondern auch als eine große Leistung Gennans.

Nach diesem spektakulären Sieg über einen Spieler, der beinahe Meijin geworden wäre, führte der Weg des jungen Shusaku steil nach oben. Schon in seinem 25. Lebensjahr hatte er sich den Beinamen »Der Unbesiegbare« erkämpft. Besonders bekannt ist seine Stärke mit den schwarzen Steinen. Da Schwarz als erster spielt, kann er im Fuseki (Eröffnungsphase) einen leichten Vorsprung erringen. Dieser beträgt allerdings nicht mehr als drei oder vier Punkte. Shusaku war bekannt dafür, daß er diesen kleinen Anzugsvorteil tatsächlich realisieren und bis zum Ende einer Partie verteidigen konnte, ohne in Versuchung zu geraten, nach größerem Gewinn zu streben und dadurch vielleicht die ganze Partie zu gefährden. Sein sehr sanfter Spielstil war geprägt von einer Abneigung gegen unnötige Kämpfe und dem Fehlen jeden Versuchs, mehr zu nehmen, als ihm in einer Stellung tatsächlich zustand. Sein Spiel mit den schwarzen Steinen war so erfolgreich, daß er auf die Frage nach dem Ausgang einer Partie häufiger antworten konnte. »Ich hatte Schwarz.« Spiel zwei der Partiensammlung präsentiert ihn mit einem frühen Meisterwerk.

Metallgewicht in Form zweier Go-Spieler. Edo-Zeit (1615–1868).

Kutami-Flasche in Kürbisform mit Go-Motiv. Edo-Zeit (1616–1868).

Ausschnitt: Kinder ahmen das Go-Spiel nach.

Shusakus Tod im Jahre 1862 markiert das Ende des Goldenen Zeitalters des Go-Spiels. Er starb während einer Cholera-Epidemie, die sich von einem ausländischen Schiff, das im Hafen von Tokyo lag, ausgebreitet hatte. Nicht weniger katastrophal wirkten sich die von außen kommenden politischen Einflüsse aus, die das Shogunat und damit die vom Shogun unterstützte Go-Welt erschütterten.

Die Meiji-Restauration

Die Ankunft der amerikanischen »schwarzen Schiffe« im Jahre 1853 und die imperialistische Forderung der amerikanischen Regierung, daß Japan sich nach außen öffnen müsse, verursachten eine Revolution in der japanischen Gesellschaft, die sich dadurch völlig veränderte. In der zweiten Hälfte des 19. Jahrhunderts begann für die Japaner das Rennen, um die industriell führenden westlichen Länder einzuholen.

Im Jahre 1868 wurde das den aufgezwungen Veränderungen sich entgegenstemmende Shogunat gestürzt und die politische Macht offiziell wieder dem Kaiser übertragen. In Wirklichkeit allerdings geriet sie damit in die Hände einer Gruppe von Bürokraten, die das Kaiserhaus kontrollierten. Die gesamten Einrichtungen des Shogunats wurden abgebaut, um Platz für eine modernisierte kaiserliche Regierung zu schaffen. Nach dem offiziellen Regierungsslogan *Meiji* (Aufgeklärte Regierung) erhielt diese Phase der japanischen Geschichte den Namen »Meiji-Restauration«.

Besonders schwer betroffen wurden buddhistische Einrichtungen und insgesamt die traditionelle japanische Kultur. Damals wie heute hieß Fortschritt in Japan Verwestlichung. Das seit Jahrhunderten vom Meister zum Schüler weitergegebene Erbe der Go-Häuser nahm der Staat wieder an sich. Auch die Häuser selbst, in denen die Spieler seit Jahrhunderten gewohnt hatten, fielen an den Staat zurück. Dies war ein besonders schwerer Schlag für das Go-Leben, da ein großer Teil der seit Generationen gesammelten Akten beim Auszug verlorenging.

Die Zeit der Meiji-Restauration bescherte dem Go-Spiel eine Phase des Rückschritts und Verfalls. Die Genies des Goldenen Zeitalters hatten ihre Erfolge vor allem auf den Erfahrungen ihrer Vorgänger aufgebaut. Wenn nun die ungebrochene Tradition der großen Spieler zer-

Katsushika Hokusai (1760–1849): Zwei Krieger stellen sich schlafend, um den Dämon zu fangen.

stört worden wäre, hätte das Go wieder auf das Niveau des Mittelalters zurückfallen müssen.

Im Jahre 1879 wurde daher eine neue Go-Organisation gegründet. Sie hieß *Hoen-Sha* und wurde zum Vorläufer des modernen japanischen Go-Bundes, des *Nihon Kiin. Hoen* bedeutet soviel wie »Quadrat-Kreis« und ist ein anderer Name für das Go-Spiel, *Sha* bedeutet einfach »Gesellschaft«.

Die Hoen-Sha bot starken Spielern die Möglichkeit, zusammenzukommen und Ideen auszutauschen. Sie gewährte also zumindest übergangsweise die Fortführung der Traditionen, die in den vorhergehenden Jahrzehnten gefährdet gewesen waren. Darüber hinaus aber entschloß sich die Hoen-Sha zu einer weitreichenden Neuerung: Sie stand als Organisation nun auch nichtprofessionellen Spielern offen. Diese Entscheidung bildet eindeutig den Grundstein zur Popularisierung des Go-Spiels und seiner massenhaften Verbreitung im 20. Jahrhundert.

Kennzeichen dieser neuen Tendenz war die Einführung eines zweiten Systems zur Bewertung der Spielstärken unterhalb der Dan- oder Meisterränge. Bis dahin waren Spieler unterhalb des ersten Dans überhaupt nicht eingestuft worden. Die unmittelbare Vorstufe hierzu erhielt nun die Bezeichnung eines ersten Kyu- oder Schülergrades. Diese nach unten offene Skala (es folgen 2. Kyu, 3. Kyu, etc.) erlaubt also auch einem Amateur, seine Spielstärke im Verhältnis zu anderen Spielern festzustellen. Ein absoluter Anfänger, der gerade die Regeln erklärt bekommen hat, dürfte grob gesprochen um den 30. Kyu herum einzustufen sein; er kann aber bei intensivem Spielen nach einem Jahr durchaus schon den 10. Kyu erreichen. Natürlich verläuft die Kurve der Leistungssteigerung immer flacher, je höher ein Spieler auf dieser Leiter klettert. Ebenso selbstverständlich aber beginnt das Vergnügen am Spiel bereits am ersten Tag und hängt keineswegs von der Spielstärke ab, ja, sollte sich vom Schielen auf Grade und Rangstufen sogar möglichst frei halten. Um so sicherer mag sich der Erfolg dann einstellen.

Das 20. Jahrhundert

Einen enormen Aufschwung nahm das Go in den frühen Jahrzehnten des 20. Jahrhunderts. Dies war vor allem das Werk der großen japanischen Tageszeitungen. Die Rolle der Zeitungen in der modernen Geschichte des Spiels ist mit der Rolle des Shogunats in den vorangehenden Jahrhunderten zu vergleichen. Ohne ihre Unterstützung hätte das Spiel seinen heutigen Stand wohl nicht erreichen können.

Alles begann, als die Zeitungen bemerkten, daß die Veröffentlichung kommentierter Partien der großen Spieler den Absatz erheblich steigerte. Seitdem veranstalten und sponsern sie die großen Turniere und verhelfen den besten Professionals zu Spitzengewinnen von einigen hunderttausend Dollar im Jahr. Da die Go-Spalten der Zeitungen nach wie vor sehr beliebt sind, scheint die Zukunft des Spieles also gesichert zu sein.

Nach einem verunglückten Versuch, sich mit Überresten des Hauses Honinbo zu vereinigen, brach die Hoen-Sha 1924 zusammen. An ihrer Stelle bildete sich die heutige Go-Organisation, der Nihon Kiin. Er nahm auch die Reste einiger kleinerer Organisationen auf, deren Wurzeln noch in die Tokugawa-Zeit zurückreichten. Der Übergang zum neuen System vollzog sich nicht geplant, wie damals zu Anfang der Tokugawa-Zeit, sondern als allmählicher, ungeordneter Vorgang.

Roß und Reiter beim Go-Spiel.

Einer der berühmtesten und beliebtesten Spieler dieser Übergangszeit war Shusai, der letzte Honinbo und letzter Meijin (vgl. Partie Drei). Er symbolisierte noch das alte Go, wie es zur Zeit des Shoguns gespielt worden war. Noch heute gibt es Berufsspieler, die sich Shusai zum Vorbild gewählt haben. In den dreißiger Jahren drohte eine Gruppe junger, fortschrittlicher Spieler die Go-Welt zu spalten. Diese Zeit nennt man nach der neuen Eröffnungsstrategie, die diese Spieler entwickelten, die Phase des Shin-Fuseki. Die zwei wichtigsten Repräsentanten dieser Bewegung waren der geniale chinesische Spieler Wu Qing Yuan (Go Seigen) und der für seine aggressive Spielweise bekannte Japaner Kitani Minoru.

Im Jahre 1938 entschied Shusai, daß sein Titel des Honinbo nicht mit ihm sterben sollte. Er vereinbarte deshalb mit der Mainichi Shinbun, einer großen Tokioter Zeitung, sie solle nach seinem Tod den Kampf um den Titel ausrichten. Die Zeitung bat ihn aber, den Titel noch ein letztes Mal zu verteidigen, bevor er ihn aufgab, und Shusai willigte ein.

Sein Herausforderer war Kitani Minoru, ein Verfechter des Shin-Fusekis. Der Fortgang der Partie erregte große Aufmerksamkeit in der japanischen Öffentlichkeit. Während des langen Kampfes ließen die Kräfte des greisen Meijin immer weiter nach, und am Ende konnte Kitani mit fünf Punkten Vorsprung das Spiel für sich entscheiden. Dies war Shusais letzte Partie in einem Turnier, und er starb nicht lange danach.

Diese dramatische Partie interessierte auch den japanischen Schriftsteller und Nobelpeisträger Kawabata Yasunari. In dem Roman *Meijin* vergleicht er den Kampf auf dem Brett mit einem Duell zwischen zwei Männern, die sich schon seit einem Jahrzehnt als Rivalen bekämpft hatten. Kawabata zeigt die Verbindung auf zwischen der Spielweise auf dem Brett und dem geistigen Vorgang, der zu jedem Zug führt. Im Roman sind es Fehler in der Denkweise des immer schwächer werdenden Meijin, die ihn schließlich die Partie und damit sein Leben kosten.

Aus dieser Begegnung jedenfalls entstand das jährliche Honinbo-Turnier, eines der wichtigsten der heutigen Go-Welt. Die sieben bedeutendsten Titel der heutigen Go-Szene sind der *Kisei,* der *Meijin,* der *Honinbo,* der *Judan,* der *Tengen,* der *Oza* und der *Gosei.* Hiervon gilt der Kisei als der wichtigste Titel; der Kampf darum ist praktisch die Weltmeisterschaft. Auf Deutsch kann man die Bedeutung dieser Titel wiedergeben mit »Spielheiliger«, »Meister«, »Honinbo«, »10. Dan«, »Die Mitte des Himmels«, »Thron« und »Go-Heiliger«.

Die Idole der heutigen Go-Welt heißen Cho Chikun, Kobayashi Koishi, Takemija, Rin Kaiho und stets noch Otake. Vor allem der aus Südkorea stammende, aber seit seinem sechsten Lebensjahr in Japan spielende Cho Chikun, mehrfacher Träger des Kisei-Titels, gilt als der *shooting star* der letzten Jahre. Seine überragenden Spielerfolge bedeuten insbesondere für die jungen Spieler seines Heimatlandes eine große Ermutigung, denn sie zeigen, daß die jahrhundertelange Vormachtstellung der Japaner im Go nicht mehr unangreifbar ist.

Der Wiederaufstieg Chinas

Die überraschendste Entwicklung in der gegenwärtigen Go-Szene ist wohl im enormen Wiedererstarken des chinesischen Go zu finden. Während sich Japan seit dem 15. Jahrhundert zum Zentrum der Go-Welt entwickelte, stagnierte das Spiel im China der Mandschu-Dynastien. An sich bereits desinteressiert an intellektuellem Raffinement, war die mongolischstämmige politische Führungskaste zahlenmäßig gerade stark genug, um das verwaltungstechnische und militärische Funktionieren des Reiches zu gewährleisten. Da blieb keine Zeit für hochgeistige Spielereien.

Auch der Sturz der Qing-Dynastie in der Revolution von 1911 konnte die Lage des Spiels nicht verbessern. Krieg und Bürgerkrieg setzten andere Prioritäten. Den schließlich siegreichen Kommunisten war das Go-Spiel ohnehin verdächtig wegen seiner imperialistisch anmutenden Idee der Eroberung und Besetzung von Gebiet. Die intellektuellenfeindliche Atmosphäre der Kulturrevolution von 1966 bis 1976 brachte dann das ohnehin schon geschwächte chinesische Go-Leben vollends zum Erliegen.

Die entscheidende Wende trat erst in den frühen 80er Jahren ein. Japanische Fachliteratur konnte wieder ins Chinesische übersetzt werden und es erfolgte die Gründung einer Profiliga nach japanischem Vorbild. Von der Inneren Mongolei im Norden bis nach Kanton im Süden finden seitdem auf allen Ebenen wieder Wettkämpfe und Meisterschaften statt. An den Schulen und Universitäten der Volksrepublik ist Go heute bereits verbreiteter als in den anderen asiatischen Ländern. Traditionellerweise stehen im chinesischen Erziehungswesen die Werte Diszipilin und Selbstbewußtsein an vorderer Stelle, und im Go erkennt man ein geeignetes Mittel, der Jugend diese Charaktereigenschaften zu vermitteln. Auch der Anteil weiblicher Spieler liegt in China inzwischen erheblich höher als in Japan. Die Chinesin Kong gilt heute unumstritten als stärkste Go-Spielerin der Welt. Bei Mannschaftsturnieren setzen die Japaner gegen sie die besten männlichen Profis ans Brett, um diesen Punkt nicht gleich abzuschreiben. Chinesische Spieler wie Nie Wei-ping, Ma Xiao-chun oder Liu Xiao-guang haben bewiesen, daß die Zeit der unangefochtenen japanischen Vormachtstellung im Go endgültig vorbei ist. Dennoch erkennen die traditionsbewußten Chinesen nach wie vor die stärkere Kontinuität der japanischen Go-Geschichte an. Nach einem Sieg über das japanische Go-Idol Fujisawa Shuko meinte Nie Wei-ping einmal bedauernd: »Ich habe meinen Lehrer geschlagen.« Die Begegnung des sehr strengen, hochtheoretischen japanischen Spielstils mit der wesentlich freieren, bisweilen chaotischen Spielweise der Chinesen dürfte der Go-Welt in den nächsten Jahren noch zahlreiche faszinierende Partien bescheren. Wie sehr sich die Zeiten geändert haben, möge zum Abschluß die folgende Gegenüberstellung klarmachen. Ein unbekannter Dichter der Song-Zeit beschrieb die Schönheit des Go-Spiels mit folgendem Stimmungsbild.

Ruhender See
Ein sanfter Hauch
Treibt des Freundes Nachen zu mir hin
Brett und Steine harren unseres Spiels
Ringsum der Eibisch blüht

Mädchen beim Go-Spiel. Qin-Dynastie (221–206 v. Chr.)

Ein japanischer Geschäftsreisender und Go-Spieler hingegen besuchte vor kurzem einen chinesischen Amateurclub und machte folgende Beobachtung:

»Es ist ungeheuer laut, die Leute schreien, schimpfen und diskutieren. Nur zwei Leute spielen, aber zehn stehen um das Brett herum und besprechen die Züge der Spieler noch während der Partie. Man geht mit den Fingern auf das Brett und mischt sich ins Spiel ein. Die Spieler müssen Varianten versuchen, welche von den Herumstehenden empfohlen werden. Dabei wird gezetert und gelacht.«

Märchen und Fabeln

Auf den folgenden Seiten finden Sie eine kleine Sammlung chinesischer und japanischer Märchen aus den letzten 2500 Jahren. Manche von ihnen thematisieren das Go-Spiel direkt, in anderen taucht es nur als Nebenmotiv auf. Insgesamt aber zeigen sie, in welchem kulturellen und religiösen Umfeld das Spiel immer gestanden hat.

Der westliche Leser wird sich vielleicht über die merkwürdige Ereignislosigkeit vieler dieser Geschichten wundern. Ihr Spannungsbogen verläuft ungeheuer flach; die erzählten Begebenheiten laufen ab, ohne daß im Leser Erwartungen geweckt werden und sie enden häufig genug ohne irgendeine Pointe oder Moral. Der mit den Märchen der Brüder Grimm oder der Nibelungensage aufgewachsene, action-gewohnte Leser mag sich hier ähnlich düpiert fühlen wie beim ersten Genuß einer Schale richtigen grünen Tees. Beide aber, Fabeln und grüner Tee, enthüllen ihre zarteren Reize nicht schon bei der ersten Begegnung. Geduld und ein Sinn für Nuancen jedoch rangierten stets unter den entscheidenden geistigen Werten, die die Kulturen Chinas, Koreas und Japans geprägt haben. Die logische Widerspruchsfreiheit oder die Spannung der Handlung solcher Geschichten wie der nun folgenden haben demgegenüber in der chinesischen Tradition nie eine besondere Rolle gespielt.

Der legendenumwobene Kaiser Yao gründete vor beinahe 4000 Jahren in der Provinz Shan-xi die Reichshauptstadt Ping-yang. Dort soll er zwei weisen Männern oder Halbgöttern begegnet sein, die in den Geschichten über die alte Zeit sehr häufig vorkommen. Diese sollen dem Kaiser orakelhaft erklärt haben, er möge sich zur Ruhe setzen und sein Amt seinem Erben Shun überlassen. Dann hätte er auch mehr Zeit, sich um das Go-Spiel zu kümmern. Das Faktum der vorzeitigen Amtsübergabe scheint historisch belegt, der Rest stammt wohl aus dem Bereich der Legende. Sie berichtet folgendes:

Der Kaiser traf auf einem seiner Spaziergänge am Ufer des Flusses Fen zwei weise Männer, die im Schatten einiger kleiner Bäume ein Spielfeld in den Sand gemalt hatten und mit schwarzen und weißen Steinen eine Schlachtordnung darstellten. Damit war sicher das Spiel Go gemeint. Der Kaiser befragte die beiden Männer ausführlich über die geistigen Fähigkeiten seines Sohnes. Sie antworteten ihm: »Dein Sohn kämpft gut, doch er will immer kämpfen, und das ist dumm. Bei diesem Spiel hier mit Namen Wei Qi ist auch Ruhe gefragt. Das Brett ist statisch, nur die Spieler bewegen sich. Die Regeln kommen vom Himmel selbst. Auf der Erde gibt es keine Erklärung.«

Ob es sich hierbei um die ersten Spielstrategien oder nur um einen Weg zur besseren Erziehung des Kaisersohnes handelte, muß offen bleiben.

圍棋

Das Gedicht im Fels

Ein taoistischer Priester berichtet in seinen Schriften von einem hohen Beamten, der zur Zeit der Nord-Süd-Dynastien (420–589) sein Amt niederlegte und in seine Heimat zurückkehrte. Auf dem Weg dorthin erblickte er einen hohen Berg, dessen Gipfel in finstere Wolken gehüllt war; auch der Rest des Berges war von dichten, rötlichen Nebeln verhangen. Die Bewohner der Gegend sagten ihm, es sei der glückbringende Berg Zi-lin (Rotes Einhorn). Sogleich ließ sich der ehemalige Beamte namens Zhang Jie mit seiner ganzen Familie dort nieder. Sie führten ein einfaches Leben und rezitierten Tag für Tag heilige Sutren, jedoch keine der buddhistischen Lehre, sondern solche aus dem *Buch vom Sinn und Leben* (Tao Te King) des Lao-tse. So vergingen drei Jahre.

Dann kam eines Tages vom Berg ein alter Mann herunter und teilte Zhang Jie mit, er komme auf Geheiß des höchsten taoistischen Gottes, um ihm das Geheimnis der Unsterblichkeit zu überbringen. Von nun an würde er wirklich den Weg zur Vollkommenheit finden. Er könne ihn direkt in den Himmel führen. Dann erklärte er, daß er nun gehen müsse, um mit einigen Freunden ein Spiel auf einem Stein zu spielen. Damit verschwand der Alte, doch auf dem Berggipfel fand man einen wie ein Go-Brett aussehenden Stein und einen Satz Spielsteine. Daneben war ein Rätsel in Form eines Gedichtes in den Fels eingraviert. Die Inschrift lautete:

Von Nebeln verhüllt und vom Moos bedeckt
Ein ruhiger Ort, zum Denken geeignet
Dies ist recht für ein göttliches Spiel

Viele der alten Geschichten aus China sind uns in Form von Märchen überliefert. Darunter nehmen die Geistergeschichten wiederum einen besonderen Platz ein. Doch beruhen fast alle auf geschichtlichen Begebenheiten und spiegeln gesellschaftliche Verhältnisse der jeweiligen Zeit wider. Nicht anders verhält es sich mit den Geschichten, in denen das Go-Spiel erwähnt wird. Es läßt sich zwar wenig Konkretes über Go selbst dort finden, aber seinen Lauf durch die Jahrtausende der chinesischen Kulturgeschichte kann man verfolgen und sich daran erfreuen. Eine sehr alte Geschichte z.B. bezieht sich auf Kaiser Yu den

Großen, der im Jahre 2205 vor unserer Zeitrechnung die legendäre Xia-Dynastie gründete. In einem Gedicht werden seine Projekte künstlicher Bewässerung, für die er berühmt wurde, mit Stellungen auf dem Go-Brett verglichen.

In Freundschaft mit der Natur
Nicht so erhaben, doch in Harmonie
Wie die Steine im Spiel zweier Meister
Liegen sonnenbeschienen Yus Felder in der Ebene
Kein Bedauern, sich dem Großen zu unterwerfen
Fühlt, wer den Weg der Erkenntnis sucht

圍棋

Eine Go-Partie als Ablenkung bei der Operation. China (ca. 300 v. Chr.)

Go im Himmel

Aus der Zeit des Tang-Kaisers De Zong (627–650) stammt die folgende Geschichte:

Eine junge und schöne Elfe, vielleicht war es auch eine Fee, stieg am hellichten Tag vom Goldquellenberg direkt in den Himmel auf. Dort wurde sie von zwei Gottheiten freundlich begrüßt, die sogleich begannen, ihr die Lebensgewohnheiten ihrer neuen Heimat zu erklären. Vor allen Dingen, sagten sie, mußt du wissen, daß Yü Huang Da Di nichts mehr liebt, als Go zu spielen. Es ist klar, daß mit diesem Herrn niemand anders als ihr höchster Gastgeber selbst gemeint war.

Der zur Ming-Zeit lebende Dichter Xü Zheng-Quing verfaßte ein Gedicht, um den übernatürlichen Charakter des Spiels zu preisen.

Die Weisen lieben das Go-Spiel
Zwischen moosbewachsenen Steinen
An verborgenen Plätzen, wo die Blütenblätter fallen
Und doch niemals verblassen

Dem im 7. Jahrhundert vor unserer Zeitrechnung lebenden Lao-tse selbst wird in einer kurzen Fabel eine Liebe zum Go nachgesagt.

Auf dem Berg Hua steht eine kleine Hütte, dort lebt Lao-tse, der Weiseste der Weisen. Vor der Hütte steht ein Go-Brett, doch die Steine sind aus einem seltsamen Metall gemacht und wiegen über fünf Pfund pro Stück. Außer dem Weisen selbst kann niemand damit spielen.

圍棋

Huang, der Scharlatan

Das folgende Märchen aus der Tang-Zeit erzählt von dem zweifelhaften Charakter des Mönchs Huang-zun.

Huang-zun zog auf den Berg Lu, um dort in aller Stille seine meditativen Studien zu betreiben. Dabei wandte sich jedoch sein Interesse immer mehr der Zauberei und schwarzen Magie zu, und er vernachlässigte die Übungen der geistigen Vervollkommnung.

Auf dem Berg Lu, der in der heutigen Provinz Jiang-Xi liegt, traf er einen Holzfäller, der behauptete, einige sehr alte Schriften gefunden zu haben. Er zeigte sie Huang-zun und bat ihn zugleich, sein Schüler werden zu dürfen. Huang-zun willigte ein, nahm die Schriften an sich und versteckte sie sorgfältig. Den Holzfäller aber schickte er jeden Tag in die Wälder, um Brennholz zu sammeln. Kam der einmal zurück, ohne die verlangte Menge Holz bei sich zu haben, wurde er von seinem selbstgewählten Meister geschlagen und beschimpft. Er aber blieb immer guter Laune und murrte und beschwerte sich nicht.

Eines Tages traf er bei einem seiner Spaziergänge durch die Wälder zwei taoistische Mönche, die mitten im Wald an einem Go-Brett saßen und spielten. Fasziniert schaute der Holzfäller ihnen zu, – und als er am Abend zurückkehrte, hatte er natürlich kein einziges Ästchen gesammelt. Huang-zun wurde sehr böse und prügelte auf ihn ein. Er verlangte eine Erklärung, und der Mann erzählte ihm seine Geschichte. Huang-zun aber bestritt, daß es auf dem Berg Lu und in der ganzen Gegend eine Menschenseele gäbe; wenn er nicht als Lügner dastehen wolle, müsse er beim nächsten Mal einen der Mönche fangen und herbringen. Um dies aber bewerkstelligen zu können, übertrug Huang ihm einige der Fähigkeiten, die er beim Studium der schwarzen Kunst erworben hatte. Denn auch die Taoisten wurden mit solchen schwarzen Künsten in Verbindung gebracht, und Huang-zun wußte wohl, daß es nicht einfach werden würde, einen solchen Mönch wirklich zu fangen.

Am Tage darauf ging der Holzfäller wieder in den Wald, um den beiden Weisen beim Spiel zuzuschauen. Als er heimlich einen von ihnen ergreifen wollte, erhoben sich die Spieler plötzlich und schwebten mitsamt dem Spielbrett in die Luft empor. Zwischen den Baumwipfeln verharrten sie und riefen lachend herunter: »Wir hören, daß sich dein

Meister mit einer ähnlichen Kunst beschäftigt wie der unsrigen. Doch wird er darin nie irgendwelche Weisheit erlangen.« Der Holzfäller konnte nichts weiter tun, als einige heruntergefallene Spielsteine aufzusammeln und mit zurück zu bringen. Obwohl Huang-zun ein Meister der schwarzen Magie war, lag von nun an über seinem Schicksal der Fluch, daß er niemals auf diesem Weg eine höhere Stufe der menschlichen Existenz erreichen konnte.

Ōoka Shunboku (ca. 1680–1760): Drei Alte beim Go-Spiel.

Eine andere Version dieser Geschichte berichtet, daß Huang-zun eine ganze Reihe von Schülern hatte, darunter einen mit Namen Jü, der für seine Faulheit bekannt war und sein unglückliches Talent, wirklich jeden Fehler zu machen, der möglich war. Oft wurde Jü zur Strafe von seinem Meister geschlagen, darum lief er manchmal fort und versteckte sich einige Zeit in den Wäldern, wo er viele Verstecke in verborgenen Höhlen kannte. Aus einer dieser Höhlen kam er eines Tages mit einer Handvoll gleichmäßig geformter schwarzer und weißer Steine wieder zurück. Er erzählte eine seltsame Geschichte von mächtigen Fremden, die sich in der Höhle versammelt und dort ein Brettspiel aufgebaut hätten. Natürlich glaubte Huang-zun ihm diese Geschichte nicht und meinte, Jü sei der Magie eines Waldgeistes erlegen. Doch setzte sich in ihm allmählich die Vorstellung fest, bei den mächtigen Fremden könnte es sich vielleicht um Boten gehandelt haben, die ihn mit hinauf in den Himmel nehmen wollten.

Ein Jahr darauf tobte eines Nachts ein fürchterliches Unwetter, es erschienen bunte Wolken, die sich genau vor Huangs Fenster zusammenballten. Da glaubten er und seine Schüler, daß der entscheidende Tag nun wirklich gekommen sei. Sie entzündeten Räucherwerk, und das ganze Haus befand sich in einer Stimmung angespannter Erwartung. Doch auf einen Schlag verschwanden die Wolken, und mitten im Zimmer stand, von bunten Lichterscheinungen eingehüllt, der dumme Jü; er erhob sich langsam in die Luft, schwebte höher und höher, bis er den Augen entschwand und nie mehr gesehen wurde. Die Enttäuschung Huang-zuns war umso größer als sich seine Prophezeiung ins genaue Gegenteil verkehrt hatte. Er hatte nämlich behauptet, daß ausgerechnet Jü niemals ein Weiser oder gar Heiliger werden könnte, da er sich seit der Entdeckung des merkwürdigen Spiels mit nichts anderem mehr beschäftigt hatte.

圍棋

Hoher Besuch

Zur Song-Zeit (960–1279), lebte unter dem Kaiser Shen-Zong ein Beamter mit Namen Wang-Lun, der wegen seiner hohen Bildung und seiner ausgezeichneten Technik im Go-Spiel bekannt war. Er war als Schutzbeauftragter in der Präfektur You-Zhou tätig. Eines Tages lud er einige taoistische Priester an seinen Hof ein, um mit ihnen gelehrte Gespräche zu führen und einige Partien Go zu spielen. Diese Taoisten waren aber recht ärmliche Gestalten, ausgehungert und mit abgerissener Kleidung. Doch ihre Sprache war außerordentlich klar, und ihre Argumentation im Gespräch sehr überzeugend. Lun fragte sie nach ihrer Herkunft und ihrem Stammbaum, doch einer der Taoisten meinte, das sei völlig unbedeutend und man wolle doch lieber Go spielen, wie in der Einladung versprochen.

Nun war Lun zu seiner Zeit der Meister des Landes, dennoch verlor er eine Partie nach der anderen. Als es Abend wurde und man zusammen beim Wein saß, erkundigte sich Lun von neuem, woher die Priester kämen. Statt einer Antwort schrieb einer ein Gedicht an die Wand.

Im Buch der Heiligen stehen die Namen in Reih und Glied
auch Lü ist nur ein geringer Gast im heiligen Land
Die Augen der Sterblichen sehen nicht genug
Um die Gestalt der Götter oder deren Spiel zu erfassen

Als Lun begann, den Sinn des Gedichts zu begreifen, daß nämlich Lü Dong-bin selber, einer der acht Heiligen des Taoismus, sein Spielpartner gewesen war, erschrak er ganz furchtbar. Doch unterhalb seines Hofes zog ein dichter Nebel auf, und Lü war verschwunden, noch ehe Lun ihm weitere Fragen stellen konnte.

圍棋

Tai-Shou und der Priester

Unter Kaiser Wu-Chang lebte ein bekannter Go-Spieler namens Tai-Shou. Auch er traf sich einmal mit einem taoistischen Priester zu einer Partie Go. Der Name des Priesters ist nicht überliefert, doch hinterließ er ein sehr schönes Gedicht, das aber leider keinen Bezug zum Go hat.

Tai Shou war auf seine Fähigkeiten im Go sehr stolz. Doch waren gerade erst acht Steine in der Partie gespielt, als der Priester erklärte, Tai würde die Partie verlieren. Das wollte der natürlich nicht glauben und fragte, woher der andere das denn wissen wolle. Der Taoist antwortete: »Ich habe schon einen wichtigen Punkt in Besitz genommen und eine bedeutende Trennungslinie gezogen, also kenne ich schon den Ausgang der Partie.« Sie spielten noch eine Weile, doch der Verlauf des Spiels war genau so wie vorhergesagt. Irgendwann erhob sich der Priester und schüttelte als Zeichen zum Aufbruch die Ärmel. Gleich darauf war er auch schon verschwunden. Tai-Shou gab sofort den Befehl, ihn im Hause und in der ganzen Präfektur zu suchen, doch wurde ihm nichts weiter gemeldet, als daß man Flötenspiel vor dem Gelände des Hofes hören könnte. Die Klänge der Flöte kamen vom Osttor her, doch als man sich dahin begab und fast den Standort des Spielers ausgemacht hatte, vernahm man das Flötenspiel plötzlich von Westen her.

Doch auch hier konnte man des Priesters nicht habhaft werden. Schließlich schien er in einem kleinen Pavillon verschwunden zu sein, der sich innerhalb der Palastanlagen befand und »Leuchtender-Stein-Pavillon« hieß. Auch hier konnte man den Priester nicht mehr finden, doch hatte er folgendes Gedicht zurückgelassen:

Vor dem Haus des gelben Kranichs
Stehe ich und spiele auf der Flöte
Bunt sind die Ufer des Yang-tse
Weiß wie die Wasserlinsen und rot wie das Schilf
Gibt es jemand, der meine Gefühle verstehen kann
Nur der reine Wind und der klare Mond wissen Bescheid

Ebenfalls zur Song-Zeit spielt eine Geschichte von einem sehr belesenen Mann, der auch ein begabter Dichter war. Er lebte in der Provinz Sechuan, doch seine eigentliche Heimat lag in einer entfernteren Provinz. Eines Tages bekam er Besuch von einigen Freunden aus seiner Heimat und man beschloß, eine Bergwanderung zu machen. Die kleine Gesellschaft bestieg den E-Mei-Shan, doch beim Heimweg bemerkte einer der Wanderer, daß er seinen seidenen Turban auf dem Berg verloren hatte. Also kehrte man um, und alle verteilten sich auf der Suche nach dem Tuch.

Dabei begab es sich, daß unser Gelehrter auf einen alten Mann stieß, der ihn in eine Höhle mit einer Quelle zog. Hier blühten ringsum die seltsamsten Blumen, und in der Mitte stand ein Palast, der geradewegs bis in den künstlichen Himmel reichte, eine schön gebaute Halle aus rotem Stein. Der Alte forderte den Dichter auf, einen Turm zu besteigen, der die Form eines – allerdings riesigen – Blütenkelches hatte. Von dort oben konnte man wiederum eine ganze Anzahl von Berggipfeln und Hügeln erkennen. In einem Park sah man eine Reihe von Go-Tischen, an denen taoistische Priester saßen und spielten, Kinder liefen umher und sammelten Kräuter, und in der Luft tummelten sich große, kranichartige Vögel, die es sonst nirgendwo gab.

Der Dichter erschrak heftig und fragte den Alten, was das für ein seltsamer Ort sei. Der antwortete: »Im Innern des Bergs Ming-Shan gibt es eine kleine Höhle mit 36 Himmeln. Dieses hier ist der Himmel des E-Mei-Shan, und unter ihm leben die wahren Weisen und Heiligen. Es ist der 32. Himmel.« Als der Dichter darum bat, bleiben zu dürfen, antwortete ihm der Alte: »Deine Zeit ist noch nicht reif, um uns auf ewig Gesellschaft zu leisten, doch kannst du in einem Jahr wiederkommen. Jetzt aber darfst du nicht länger bleiben.« Dann bat er eines der Kinder, den Gast wieder nach draußen zu bringen. Der schaute noch einmal zurück, doch da war die Vision bereits verschwunden. Nach einer Weile stieß er auf einen seiner Freunde, der ihn verwundert fragte, wo er denn gewesen wäre, denn man hätte schon einen halben Monat nach ihm gesucht.

Ein Kommandeur mit Namen Ma-Jü wurde nach Huai-Nan beordert, um dort für Ruhe und Ordnung zu sorgen, da die Region durch Rebellion erschüttert wurde. Eines Tages kam ein Mann zu ihm und zeigte ihm ein wunderschönes, mit Perlen verziertes und aus sehr edlem Holz gefertigtes Go-Brett. Er bot es zum Kauf an, und Ma-Jü erwarb das Brett. Am Tag darauf aber verschwand das Brett plötzlich, als Ma-Jü ihm einmal den Rücken zukehrte, obwohl außer ihm niemand im Zimmer war.

Dafür klopfte im gleichen Moment ein alter Mann mit seinem Stock an die Tür und wollte mit Ma-Jü über Kriegsstrategien reden. Dieser bat ihn einzutreten und Platz zu nehmen. Der Alte setzte sich und begann: »In dieser Gegend ist die Zeit reif für den entscheidenden Einsatz der Truppen; warum nur willst du sie nicht einsetzen? Nur so kannst du die Rebellion niederwerfen und für Ruhe sorgen. Wenn das nicht geschieht, wie soll dann Ruhe und Frieden entstehen?«

Ma-Jü erwiderte: »Ich regiere ein erschöpftes Volk, auch der Einsatz der Soldaten wird ihm keine Ruhe geben. Ich weiß, daß hierfür bestimmte Leute verantwortlich sind, – wie aber kann ich ihnen das begreiflich machen?«

Der Alte antwortete ihm: »Der Einsatz der Armee kann nicht verschwendet sein; wenn man ihn unterläßt, entsteht Unruhe, und wenn Unruhe entsteht, so erschöpft dies das Volk. Zuerst mußt du dich um den Geist der Armee kümmern, ja, ihre Gesinnung läutern. Ist ihre Gesinnung endlich geläutert, dann werden Offiziere und Soldaten zu Helden und rechnen nicht auf, wofür sie durch Wasser und Feuer gehen. Jetzt ist mein Fürst ein großer Feldherr, und er hat die Pflicht, seine Fähigkeiten dementsprechend einzusetzen, – er darf sein Amt nicht nachlässig betreiben.«

Jü warf ein: »Darf ich es wagen zu fragen, was denn die Pflichten eines Kommandeurs und Feldherrn sind?«

Da erklärte ihm der Alte: »Zuerst muß er Gebiete besetzen (Go), dann muß er feindliche Armeen bekämpfen. Wenn er einen einzelnen Soldaten benutzt (Go-Stein), muß er über Leben und Tod Bescheid wissen; sieht er eine Straße, muß er über deren Anfang und Ende Bescheid wissen. Kommt er an eine Grenze, so sollte er sie überschreiten und von dem Hinterland Besitz ergreifen. Obwohl das nur kleine Dinge aus dem Bereich des Militärischen sind, darf man sie doch nicht vergessen. Wenn man sich tief genug mit der Materie beschäftigt, dann kommt man auf den richtigen Weg.«

Jü erschrak und fragte, woher der Fremde so viel über dieses Gebiet wisse und von wem er es gelernt habe. Dieser sprach: »Ich beschäftige mich einfach schon von Kind an mit der Kriegsstrategie.« Damit wollte er aufstehen und gehen, doch Jü hielt ihn hartnäckig fest und überredete ihn schließlich, im Gästehaus zu übernachten. Mitten in der Nacht beauftragte er einen seiner Diener, nach dem seltsamen Gast zu schauen. Der aber war verschwunden. Nur ein Go-Tisch stand mitten im Zimmer – es war derselbe, der am Morgen verschwunden war.

Auch die folgende Geschichte stammt aus der Song-Zeit, sie entstand während der Herrschaft des Kaisers Zhen-zong (998–1022).

Eine junge Frau war bereits mit ihrem Bräutigam verlobt, doch konnte die Hochzeit zum Kummer der Familie noch nicht stattfinden, da sie von einem Dämon besessen war. In der Provinz Jiang-xi, wo die Familie wohnte, lebte auf dem heiligen Drachen-Tiger-Berg, dem Lung-hu-shan, ein hoher taoistischer Priester. Den bat man in dieser Angelegenheit um Hilfe.

Der Priester jedoch verwies sie an zwei heilige Männer, die gerade auf diesem Gebiet große Experten seien. Sie würden die Familie direkt vor ihrem Haus erwarten. Man kehrte also nach Hause zurück und fand tatsächlich zwei taoistische Mönche vor, die auf einem Bambuspodest saßen und Go spielten. Die Eltern berichteten von ihrem Anliegen und fielen vor den Mönchen auf die Knie. Da sagte einer der beiden Mönche: »Der alte Zhang-tian-zhi auf seinem Berg ist reichlich geschwätzig, aber wir wollen euch trotzdem helfen.« Er nahm einen Pinsel zur Hand und schrieb eine Botschaft für den Geist, der von dem Mädchen Besitz ergriffen hatte. Er wies die Familie an, damit zu einem bestimmten Tempel zu gehen und das Papierröllchen anzuzünden.

Genauso wurde es gemacht, und sowie das Papier verbrannt war, erklang ein fürchterliches Grollen und Donnern, und ein Geist stieg aus dem Tempel empor und löste sich auf. Da war das Mädchen geheilt. Dieser Geist ist zwar kein Geist des Go-Spiels gewesen, dafür konnte er aber Schriftzeichen lesen.

圍棋

◁ *Statt der ersehnten Geliebten wird er von einem Dämon geweckt, den er mit dem Schwert vertreiben muß (Mitte 19. Jh.).*

Maki Bokusen (1736–1824): Go-Spieler.

Zwei Freunde

Zur Zeit der Teilung des Reiches in die nördlichen und die südlichen Dynastien im Jahre 465 lebten zwei gute Freunde, Zhu Daozhen und Liu-Kuo. Sie pflegten täglich miteinander Go zu spielen. Nach acht Jahren der Freundschaft starb Dao-zhen plötzlich. Einige Monate darauf saß Liu-kuo in seinem Studierzimmer und las ein Buch, als es plötzlich klopfte und jemand einen Brief hereinbrachte.

Diesen Brief hatte offensichtlich sein alter Freund Dao-zhen geschrieben. Liu öffnete ihn und las: »Mit jedem Gedanken bin ich bei unseren Spielen, die uns so viel Freude machten. Es ist bitter hier ohne meinen guten Freund. Nun weiß ich, wohin die Menschen zum Schluß gehen. Ich pflege das Go-Brett und warte auf Dich.«

Nachdem Liu den Brief gelesen hatte, schloß er die Augen und begab sich zu seinem Freund, um wieder mit ihm Go zu spielen.

Selbst den taoistischen Mönchen sind noch manche Wesen in bestimmter Beziehung überlegen. Zur Tang-Zeit befand sich ein Mönch auf dem Weg in seine Heimat Nan Shan, die Südberge. Unterwegs traf er einen Reisigsammler mit Namen Dong Fang-Xuan. Der bat darum, ihn zum Essen einladen zu dürfen. Die Frau des Sammlers holte Wasser aus einem Brunnen und schnitt zarten Bambus in kleine Stücke. Ihr Name war Fan. Während es im Topf lustig zu brodeln begann, verwandelte sich dessen Inhalt plötzlich in Fleisch und Wein. Der taoistische Mönch war darüber sehr erschrocken, sagte aber nichts. Nach dem Essen setzte sich Fan auf ein Stück Bambusrohr und flog einfach davon.

Nach einer kleinen Weile kehrte sie mit einem Go-Brett und einem Satz von Spielsteinen wieder zurück. Der Mönch fragte, woher sie diese Dinge geholt habe, und sie antwortete: »Ich habe sie von einer Freundin geholt, die am Südmeer wohnt; sie folgt mir und wird gleich hier sein.« Gerade als sie das gesagt hatte, erklang Musik in der Luft wie von Flöten und Saiteninstrumenten; dann schwebte ein wunderhübsches Mädchen vom Himmel herunter. Sie lachte und fragte Fan: »Warum spielst du nicht mit dem Herrn?«

»Ich bin kein Gegner für ihn«, antwortete die Frau des Reisigsammlers. Da schrieb das fremde Mädchen direkt vor ihren Füßen ein magisches Zeichen in den Sand, und sofort entstand dort ein kleiner See. Mitten im See wuchsen Lotosblumen und andere wohlriechende Pflanzen. Das Mädchen zog Fan zu einem Kahn, der am Ufer lag, und sie fuhren aufs Wasser hinaus.

Da erklärte Dong Fang-Xhan dem Mönch, daß er nun weiterziehen könnte, denn dieser Platz würde sicher nicht mehr lange existieren. Der Mönch bedankte sich für alles und brach auf. Nach ein paar Schritten blieb er stehen und drehte sich noch einmal um, doch da war das Bild schon verschwunden.

圍棋

Zur Zeit der drei Reiche saß ein Wahrsager namens Guan Lu am Rand einer Straße, als der Bauer Zhao Yan vorbeikam. Guan Lu entdeckte sofort einige Anzeichen, daß dessen Leben nicht mehr lange währen sollte, und erzählte ihm, er müsse in drei Tagen sterben. Der Bauer wurde sehr unglücklich und begann zu trauern und zu klagen. Er fragte den Zauberer, ob es denn keinen Ausweg gäbe.

Guan Lu sprach zu ihm: »Morgen mußt du einen Krug mit Wein und ein Stück Fleisch nehmen und auf einen Berg steigen, den ich dir gleich zeigen werde. Wenn du dort unter einem Baum zwei Männer in nord-südlicher Richtung sitzen siehst, die Go spielen, bietest du ihnen deine Gaben an und zeigst dich ihnen gegenüber ehrerbietig. Dann wirst du sicherlich gerettet werden.«

Zhao Yan tat, was der Wahrsager ihm geraten hatte, denn er wußte nicht, daß es eine übliche Praxis der Wandermönche war, sich auf diese Weise gegenseitig zu Spenden und Geschenken zu verhelfen. Als er oben auf dem Berg ankam, hörte er tatsächlich das feste Klacken von Go-Steinen auf einem Holzbrett, dann sah er auch die beiden Männer. Alles war genauso wie beschrieben, doch die beiden zeigten sich ziemlich überrascht über den Wein und das Fleisch und auch über die unerwartete Unterwürfigkeit des Bauern. Der erzählte ihnen seine Geschichte und den Grund seiner Sorge. Die beiden aber spielten einfach weiter, und dem Bauern blieb nichts anderes übrig, als ihrem Spiel zuzuschauen.

Plötzlich bemerkte er voll Entsetzen, daß die Steine auf dem Spielbrett das Schriftzeichen einer Zahl bildeten; es war eine Zehn. Zhao Yan erschrak, da er dies für eine Ankündigung hielt, wie lange er noch zu leben habe. Doch nach einigen Zügen erschien in der Stellung der Steine ein weiteres Zeichen, eine Neun. Zusammen stand dort nun schon das Zeichen für Neunzehn. Auch das konnte Zhao nicht sehr beruhigen, während er das Spiel weiter beobachtete. Es dauerte eine Weile, bis sich auch die Zehn durch Anfügung eines Häkchens in eine Neun verwandelte, was bei chinesischen Schriftzeichen ganz einfach geht. Plötzlich verbreitete sich ein angenehmer Duft, dann verwandelten sich die beiden Go-Spieler in Vögel und verschwanden am Himmel. Und tatsächlich ist Zhao Yan dann noch 99 Jahre alt geworden.

Die vermoderte Axt

Immer wieder taucht in chinesischen Fabeln das Motiv der Begegnung taoistischer Mönche mit einfachen Holzfällern oder Reisigsammlern auf. Ein Grund hierfür ist, daß sich an dieser Konstellation emblematisch das Thema der getrennten Welten der Heiligen und der normalen Sterblichen gestalten ließ. Die folgende Geschichte betrachtet dieses Thema unter dem Aspekt der verschiedenen Geltung der Zeit in diesen beiden Welten. Das Motiv der verfaulten Axt taucht in der chinesischen Literatur selber in zahlreichen Varianten auf, wie etwa in diesem Gedicht aus den frühen Jahren der Jin-Dynastie:

In der Heiligen Welt
Gilt den Sterblichen
Eine Sekunde wie ein Leben

Die beiden Spieler sind
Mit ihrem Spiel noch nicht zu Ende
Alle Dinge vergehen
Und als der Gast nach Hause will

Ist seine Axt nur noch Moder
Und der Stein, auf dem man spielte
Ist ganz rot, und rot ist alles

Die Fabel, auf die hier angespielt wird, berichtet, daß ein Holzfäller eines Tages im Wald zwei Taoisten traf, die an einem steinernen Go-Brett saßen und spielten. Fasziniert blieb er stehen, stellte seine Axt beiseite und schaute dem Spiel zu. Als die Partie zu Ende war, verschwanden die beiden Mönche einfach im Wald.

Der Holzfäller wollte nach seiner Axt greifen und weitergehen, doch da mußte er feststellen, daß ihr Stiel völlig vermodert war und die rostige Klinge allein auf dem Boden lag. Als er wieder in sein Dorf kam, lebte dort niemand mehr, der ihn noch gekannt hätte.

Für die Beliebtheit dieser vielfach abgewandelten Geschichte spricht auch, daß es in China gleich drei Orte gibt, die beanspruchen, der Schauplatz dieses Geschehens gewesen zu sein. In der Provinz He-nan

Illustration zur Geschichte »Die vermoderte Axt«. Qin-Dynastie (221–206 v. Chr.)

gibt es einen Berg mit dem Namen »Berg der vermoderten Axt«. Oben auf dem Berg befindet sich eine Felshöhle, in der die denkwürdige Partie gespielt worden sein soll.

Auf einem Berg in der Provinz Shan-xi liegt sogar ein steinernes Go-Brett, das angeblich von dieser Partie zeugt. Schließlich wartet auch die Provinz Guang-dong (Kanton) mit einem entsprechenden Berg auf.

Auch in Japan ist diese Geschichte dermaßen populär, daß der japanische Ausdruck *ranka*, die vermoderte Axt, geradezu zu einem zweiten Namen für das Go-Spiel geworden ist.

Der Go-spielende Affe

Die beiden verehrungswürdigen Taoisten Quan und Lü unternahmen einmal eine Wanderung zu ihrem Freund Hsi Fan. Unterwegs machten sie Rast unter einem Baum und begannen, eine Partie Go zu spielen. Auf dem Baum hockte aber ein Affe, der ihre Techniken und Kniffe genau beobachtete und so einiges vom Spiel lernte. Da Hsi Fan dem Kaiser einen Steuertribut zahlen mußte, beschloß man, den Affen als Geschenk mitzunehmen.

Der beste Spieler am Hof des Kaisers Hui Zong war damals ein gewisser Yang Jing. Der Kaiser wollte den Affen auf die Probe stellen und ordnete ein Spiel zwischen den beiden an.

Nach einigen Zügen war Yang Jing von der Geschicklichkeit des Affen dermaßen beunruhigt, daß er nach einer List suchte. Er versteckte einige lecker aussehende Früchte unter seinem durchsichtigen seidenen Obergewand, so daß dem Affen das Wasser im Mund zusammenlief und er sich nicht mehr auf das Spiel konzentrieren konnte. In der Tat hat er dann auch die Partie verloren.

圍棋

Ein langer Spaziergang

In der Jin-Zeit im dritten Jahrhundert lebte unter Kaiser Wu Di Tai Shi ein Mann aus Bei-Hai mit Namen Peng-Qiu, der auf dem Yu-Nü-Berg Brennholz sammelte. Eines Tages witterte er einen leichten Wind, der ihm von ferne liebliche Düfte um die Nase wehte. Er folgte dem Geruch und fand mitten im Wald einen Palast, in den er sogleich eintrat. Hinter dem Tor lag ein wilder Park. Bambus wucherte, und Kiefern und Weiden wuchsen da. Über einen kleinen Bach führte eine zierliche Brücke; es gab einen Pavillon, der reichte bis in die Wolken. Am Rande eines Weges standen ein paar Bäume von merkwürdiger Gestalt, darunter saßen vier wunderschöne Mädchen und spielten Go. Peng blieb unter einem Baum stehen und schaute ihnen zu. Da er sehr durstig war, trank er von den dicken Tautropfen, die von den Blättern des Baumes perlten.

Plötzlich schwebte vom Himmel ein großer, weißer Kranich herab, auf dem ein einäugiger Riese saß. Der erblickte ihn sofort und rief: »Dort ist ein gewöhnlicher Mensch!« Peng erschrak fürchterlich und lief fort. Als er wieder nach Hause kam, konnte er an der Stelle, wo einst sein Haus gestanden hatte, nur noch einen leeren Platz entdecken. In der Zwischenzeit nämlich hatte es schon dreimal einen Kaiserwechsel gegeben, und es waren fast hundert Jahre vergangen.

圍棋

Ein mißglückter Scherz

Der zur Qing-Zeit lebende Schriftsteller Ji-Yun bezeichnete sich selbst als einen Liebhaber des Go-Spiels, wenngleich er das Zuschauen mehr schätzte als das Spielen selbst. Jedenfalls schrieb er einmal ein Buch, in dem es von Geistern nur so wimmelt. Einige von ihnen will der Autor auch selbst gesehen haben.

Eines Tages empfing er den Besuch seines Freundes, des Wahrsagers Cheng. Der konnte im Sand Orakelzeichen lesen und deuten. Auch hatte er die Fähigkeit, mit Hilfe eines Stöckchens, das er auf die Erde legte und das sich bewegte, wahrzusagen. Wenig später kam auch der Weise Zhang San-Feng hinzu. Ji bat Zhang, mit Cheng eine Partie Go zu spielen, und beide willigten begeistert ein. Nach ein paar Zügen brach Cheng der kalte Schweiß aus, so schwer waren die Züge des Heiligen zu durchschauen. Im Verlauf der Partie merkte er dann aber, daß auch Zhang nicht fehlerlos spielte; er faßte wieder Mut und spielte ein wenig aggressiver weiter. Tatsächlich gelang es ihm, in einer Ecke des Bretts die Steine des Heiligen zu fangen.

Doch wie heftig erschraken alle, als sich plötzlich das wahrsagende Stöckchen zu bewegen begann und in den Sand schrieb: »Ich bin kein Heiliger, sondern ein Teufel. Eigentlich wollte ich mir nur einen Spaß mit euch machen. Doch mein Gegner spielt dermaßen stark, daß ich es vorziehe, zu verschwinden.« Im gleichen Moment löste sich der Mann auf und war verschwunden, und die beiden Freunde wußten, daß sie einem Waldteufel aufgesessen waren. Diese Teufel versuchten immer, mit den Menschen ihr Spiel zu treiben und sie zu täuschen. Sie selbst aber haben ihrerseits schreckliche Angst vor Zhong Kui, dem Schutzheiligen gegen diese Geister.

圍棋

Im Jahre 1862 schrieb der Schriftsteller Zhu Mei-shu ein Buch, dessen Titel man mit »Begrabt die Sorgen« übersetzen könnte. Darin findet sich die folgende Geschichte:

Ein Mann aus Ping Hu, ein gewisser Qian, war auf dem Weg in die Hauptstadt, um eine Beamtenprüfung abzulegen. Am Abend wollte es ihm nicht gelingen, ein Zimmer in einem Gasthaus zu bekommen, alles war schon belegt. Nach längerem Suchen jedoch erfuhr er von einer Herberge, in der noch ein Hinterzimmer frei sei, und er beschloß, dort die Nacht zu verbringen.

Die Leute aber warnten ihn davor, in diesem Zimmer zu schlafen, da dort ein Fuchsgeist sein Unwesen treibe. Fuchsgeister aber sind Dämonen in Fuchsgestalt, die so lange leben dürfen, wie es ihnen gelingt, starke junge Männer zu überlisten und ihnen ihre Kraft zu rauben. Zu diesem Zweck nehmen sie häufig die Gestalt junger, hübscher Mädchen an, die von ihnen überlisteten Männer aber sterben nicht selten an den Folgen der Entkräftung.

Qian nun dachte nicht daran, das Zimmer aufzugeben und verkündete, er hätte keine Angst. Im Gegenteil, so ein Fuchsgeist könne ruhig kommen und ihm die einsamen Stunden der Nacht versüßen. Dann legte er sich zu Bett und schlief ein.

Doch Mitten in der Nacht weckte ihn etwas. Das Mondlicht fiel auf das Kopfende seines Bettes und er vernahm das Trippeln zierlicher Mädchenfüße. Noch nicht ganz wach jagten ihm die wirresten Vorstellungen im Kopf herum. Da erblickte er zwei freundlich lächelnde Mädchen mit schönen, schwarzen Haaren. Sie hielten sich an der Hand, und eine von ihnen sagte: »Gestern traf ich das Wolkenmädchen bei der Brücke, und wir spielten Go. Ich habe zwei Partien verloren. Heute wollte ich wieder spielen, aber meine Herrin gab mir den Auftrag, nach dem eleganten, hübschen Herrn zu sehen. Deshalb habe ich meine Schwester gebeten, gleich mitzukommen. Sie löste den Gürtel und trat an das Bett von Qian. Dann schob sie das Moskitonetz hoch und setzte sich auf die Bettkante. »Was ist das denn für ein Bücherwurm in meinem Zimmer?« scherzte sie. Qian begrüßte die beiden jungen Frauen sehr höflich, geriet aber in immer größere Verwirrung, da ihm die Schönheit des Mädchens sehr gefiel. Die jüngere flüsterte, daß sie nun nach draußen gehe, um ihrer älteren Schwester den Vortritt zu lassen. Sie verließ das Zimmer, und ihre Schwester rückte ein wenig näher an Qian heran.

Quian war ganz angetan, doch erwachte plötzlich in ihm die Furcht, einen Fuchsgeist vor sich zu haben, der seine Seele aufsaugen wollte. Er gab dem Mädchen einen derben Stoß und trieb es aus dem Zimmer. Danach wagte er nicht mehr, die Augen zu schließen; doch irgendwann in der Nacht überkam ihn dennoch die Müdigkeit, und er schlief ein. Im Traum fühlte er sich, als sei er in einem Eisberg eingeschlossen, und als er am Morgen erwachte, lag er in einem Becken mit eiskaltem Wasser und war nackt.

Am nächsten Tag traf er auf der Straße einen Mann aus seiner Heimat mit Namen Yang, der ebenso wie er wegen einer Beamtenprüfung in die Hauptstadt wollte. Er erzählte ihm die Geschichte, doch der rief: »Ich wollte immer schon mal Fuchsfleisch essen, sag mir also den Namen des Gasthauses.« Und er begab sich ohne Umweg dort hin. Auch er vernahm mitten in der Nacht ein leises Geräusch, doch sein Zimmer betrat eine alte Frau mit wirren Haaren und einem häßlichen, faltigen Gesicht.

Verärgert fragte Yang, was sie von ihm wolle, da er natürlich etwas ganz anderes erwartet hatte. Sie sagte: »Meine Herrin ist beim Wolkenmädchen und spielt Go. Sie hat mich beauftragt nachzusehen, ob der junge Herr gegangen ist oder nicht.« Yang fragte, ob die Herrin nicht selbst gekommen sei. Die Alte erwiderte: »Die junge Frau hat Angst, du könntest der Schutzheilige Zhong sein.« In dem Moment aber ging die Tür auf, und die junge Herrin der beiden Mädchen vom Vortag betrat die Kammer.

Am nächsten Tag gab Yang fürchterlich an mit den Erlebnissen der letzten Nacht und rief, daß er nun in die Hauptstadt gehen und ganz sicher die höchste Prüfung bestehen werde. Die Umstehenden aber lachten schallend und meinten, er solle doch einmal in den Spiegel sehen. Yang tat wie ihm geheißen und mußte erkennen, daß sein Gesicht schrecklich entstellt war. Er war ganz schwarz geworden und sah aus wie der Schutzgeist Zhong Kui. Da erst begriff er, daß er einem Fuchsgeist auf den Leim gegangen war.

Die lustigen Zecher

In den Annalen der Wei-Dynastie wird von einem Wang Can berichtet, der einmal zwei Go-Spielern zuschaute, als ein Tölpel durchs Zimmer ging und derart heftig gegen das Brett stieß, das die Steine alle durcheinander gerieten und einige auch auf die Erde fielen. Can trat hinzu und half den Spielern beim Rekonstruieren der Stellung. Aus dieser Anekdote kann man entnehmen, daß seine Spielstärke zumindest einem 1. Dan nach heutigen Maßstäben entsprochen haben muß.

Von zwei anderen Spielern ist dort die Rede, die Go als Unterhaltung beim Trinken benutzten. Sie spielten fast jeden Abend und tranken pro Partie mehrere Becher Wein oder Schnaps. Dafür erfanden sie die haarsträubendsten Entschuldigungen und Rechtfertigungen. Die beliebteste war der Kummer über die verlorene Partie, auf die man trinken müsse. Viele ihrer Trinksprüche sind berühmt und beliebt geworden, zum Beispiel der folgende:

Trinke und genieße
Trinke und freue dich
Trinke und falle um
Trinke und schlafe

Vergiß die verlorene Partie
Morgen früh mit klarem Kopf
Spielen wir weiter
Morgen Abend
Wenn ich mich vielleicht so fühle wie du heute
Trinken wir weiter

Der Wind, der mit dem gefallenen Herbstlaub spielt
Zeigt auch uns den Weg
Im Frühling schmeichelt er wieder den zartgrünen Blättern

Das Ende der Geschichte der beiden Freunde ist leider ganz unromantisch. Der eine begann bei einer Partie zu husten und Blut zu spucken. Kurze Zeit später versagte seine Leber, und er starb. Darauf trank der andere aus Kummer nur noch wilder und fiel in ein Koma, aus dem er nicht mehr erwachte.

Fuku Matsumoto (1840–1923): Nächtlicher Spuk im Tempel.

Der Maler und der Go-Spieler

In dieser Zeit lebte auch ein Mönch namens Gong, der einen Freund hatte, welcher sich mit der Malerei beschäftigte. Sein Name war Hsie. Gong war ein ausgezeichneter Go-Spieler, und er beherrschte mehrere Musikinstrumente, was er aber nur ganz selten zeigte. Von seinem Freund Hsie lernte er nach und nach die Kunst der Malerei, der seinerseits jedoch kein Interesse an Go zeigte. Die beiden wohnten, jeder für sich, in zwei kleinen Hütten, die einige Meilen voneinander entfernt lagen.

Eines Tages bekam Hsie Besuch von einem alten Mann, der sich als eine Art himmlischer Gesandter ausgab, mit dem Auftrag, Gong mit in den Himmel zu nehmen, da seine geistige Vervollkommnung weit genug fortgeschritten sei. Dies sei auch Hsies Verdienst, da er Gong derart perfekt das Malen beigebracht habe. Da erwachten in Hsie drei Gefühle zugleich: Trauer über den Verlust des Freundes, aber auch Mißtrauen gegenüber dem Fremden, den er für einen Waldgeist hielt, der mit den Sterblichen nur seinen Spaß treiben wollte. Schließlich überkam ihn die Wut, daß er die Situation auch noch mitverschuldet hatte. Er fragte den Alten, was er tun könne, um Gong bei sich auf der

Erde zu behalten, der aber lachte und sprach: »Spiel eine Partie mit mir und gewinne!«

In Hsies Hütte gab es aber weder ein Go-Brett noch Steine. Das einzige war ein Bild an der Wand, auf dem zwei Personen zu sehen waren, die über ein Go-Brett gebeugt saßen und spielten. Das Brett war vollkommen leer, da Hsie nichts malen wollte, was er nicht verstand. Der Fremde zeigte auf das Bild, nahm ein Stück Holz und warf es zwischen sich und Hsie auf die Erde. Sogleich verwandelte sich das Holzstück in einen wunderschönen Go-Tisch mit herrlichen Verzierungen und Lackarbeiten an den Seiten. Sodann nahm der Fremde zwei Steine, berührte mit ihnen das Bild und schuf so die Spielsteine. Hsie erschrak heftig darüber, daß es nun keinen Ausweg mehr für ihn gab, da er doch keine Ahnung vom Spiel hatte.

Der Fremde setzte sich vor dem Tisch auf den Boden und forderte Hsie auf, ebenfalls Platz zu nehmen und mit dem Spiel zu beginnen.

Hsie hatte keine andere Wahl, doch wie sollte er seinen Freund retten, da er noch nicht einmal die Regeln des Spiels genau kannte? Angestrengt blickte er auf das Bild an der Wand, das hinter dem Fremden hing. Plötzlich bemerkte er einen schwarzen Punkt genau in der Mitte des Bretts auf Tengen. Er nahm einen Stein und setzte ihn auf diesen Punkt. Der Fremde nickte nur stumm, überlegte eine Weile und antwortete dann. Hsie schaute wieder auf das Bild, und tatsächlich konnte er nun auch den weißen Stein dort sehen. Nach einigen Momenten erschien dort wieder ein schwarzer Punkt, und so verlief die ganze Partie.

Zum Schluß hatte Hsie gewonnen. Da wurde der Alte sehr zornig und stieß heftige Verwünschungen aus. Er trat ins Freie und hüllte sich in eine dunkle Wolke, die in den Wald trieb und verschwand. Hsie kehrte in die Hütte zurück, um ein paar Sachen zu packen und Gong zu besuchen. Dabei bemerkte er, daß das Spielbrett auf dem Bild wieder leer war, wie stets zuvor.

Als er beim Haus seines Freundes anlangte, waren dort viele Leute versammelt, und er erfuhr, daß Gong am Morgen gestorben war. Aber zuvor hätte er noch ein Bild gemalt. Hsie betrat die Hütte und erblickte ein Bild an der Wand mit zwei Go-Spielern, die über ein Brett gebeugt saßen. Die Stellung auf dem Spielfeld war genau die, welche sich zum Schluß in der Partie zwischen Hsie und dem Waldgeist ergeben hatte.

Go-Spieler. Zeit der Drei Reiche (475–221 v. Chr.)

Tian wai you tian

Die letzte Geschichte bietet soviel Dramatik, daß sie in China vor einigen Jahren sogar verfilmt wurde.

Im 17. Jahrhundert lebte in einer der Südprovinzen ein Mann, der genauso gut mit dem Schwert umgehen konnte wie mit den Go-Steinen. Auf seiner Wanderung durch das Reich kam er irgendwann auch in die Nähe des Kaiserhofes. Dort lebte eine Nonne, die als die beste Spielerin des Landes bekannt war. Als man erfuhr, wie gut der Schwertkämpfer spielen konnte, wurde eine Partie zwischen beiden arrangiert.

Wie damals üblich, kamen viele Leute zusammen, um den Kampf zu verfolgen und Geld auf den Ausgang zu wetten. Der Schwertkämpfer war von der Schönheit der jungen Frau außerordentlich beeindruckt. Er hatte sich insgeheim ohnehin schon vorgenommen, die Partie nicht um jeden Preis zu gewinnen, da er die Position der Nonne bei Hofe kannte und ihr keine Schwierigkeiten bereiten wollte. Die Partie wurde in der Tat sehr spannend und die Nonne konnte sie mit geringem Vorsprung für sich entscheiden.

Doch von diesem Tag an wurde der Krieger mit Belästigungen überhäuft, die ihm die Beamten auf Geheiß des Kaisers bereiteten. Dem war, genauso wenig wie der Nonne und den übrigen Zuschauern, entgangen, daß der Schwertkämpfer bei weitem nicht sein Bestes gegeben hatte.

Erbost über deren mangelnden Sinn für Humor kehrte der junge Mann wieder zum Palast zurück und verlangte eine zweite Partie. Zum Beweis seiner Entschlossenheit setzte er als Siegesprämie sein Schwert aus, seinen kostbaren und einzigen Besitz. Um allen den Wert der Waffe zu zeigen, ließ er ein seidenes Taschentuch fallen und zerteilte es in der Luft, bevor es noch den Boden berühren konnte. Die junge Nonne verfügte über keinen weltlichen Besitz, daher versprach sie dem Schwertkämpfer nichts weniger als die Ehe, falls sie verlieren sollte.

Natürlich war diese Partie nun noch härter umkämpft als die erste, doch hatte diesmal bei der Abrechnung der Schwertkämpfer einen Vorsprung von einem Punkt. Er lehnte es jedoch ab, die Nonne nun zu heiraten, wenn die verlorene Partie ihr einziger Grund dafür wäre. Als man die Steine vom Brett räumen wollte, bemerkte man, daß die weißen Spielsteine des Samurai in der Form von vier Schriftzeichen dalagen: *tian wai you tian* – über dem Himmel gibt es wieder einen Himmel. Die Nonne verstand diese Kritik an ihrem Hochmut sofort: Jeder noch so gute Spieler trifft früher oder später auf einen anderen, der noch stärker spielen kann.

圍棋

Die Spielregeln

Die Regeln

Im ersten Teil dieses Buches wurde von der Geschichte des Go berichtet, wobei bereits einige Anmerkungen zum geistigen Charakter des Spiels gemacht wurden. Die Märchen und Legenden des zweiten Teils zeigten, wie eng sich über die Jahrtausende das Go-Spiel mit der chinesischen und japanischen Mythenwelt verwoben hat. Bevor im vierten Teil etwas ausführlicher auf den allgemein geistigen und philosophischen Hintergrund des Spiels eingegangen wird, sollen hier in knapper Form die Materialien des Spiels und seine Regeln beschrieben werden.

Selbstverständlich kann das nicht das Studium eines spieltechnischen Lehrbuchs ersetzen. Entsprechende Literaturhinweise findet der Leser am Ende dieses Buches. Die wenigen, im Kern sehr einfachen Regeln des Go werden hier nur soweit kommentiert, daß auch der Spielunkundige sich eine Vorstellung vom Ablauf einer Partie machen kann und die Grundzüge des Spiels begreift.

1. Das Ziel des Spiels. Schwarz und Weiß setzen abwechselnd ihre Steine auf das Spielbrett mit der Absicht, ein möglichst großes Gebiet mit den eigenen Steinen zu umgrenzen.

2. Das Brett und die Steine. Die Spielfläche des Go-Bretts besteht aus einem rechtwinkligen Gitter von 19×19 Linien. Die Steine werden nicht, wie z. B. beim Schach, *in* die quadratischen Felder gesetzt, sondern auf die 361 Schnittpunkte der Linien.

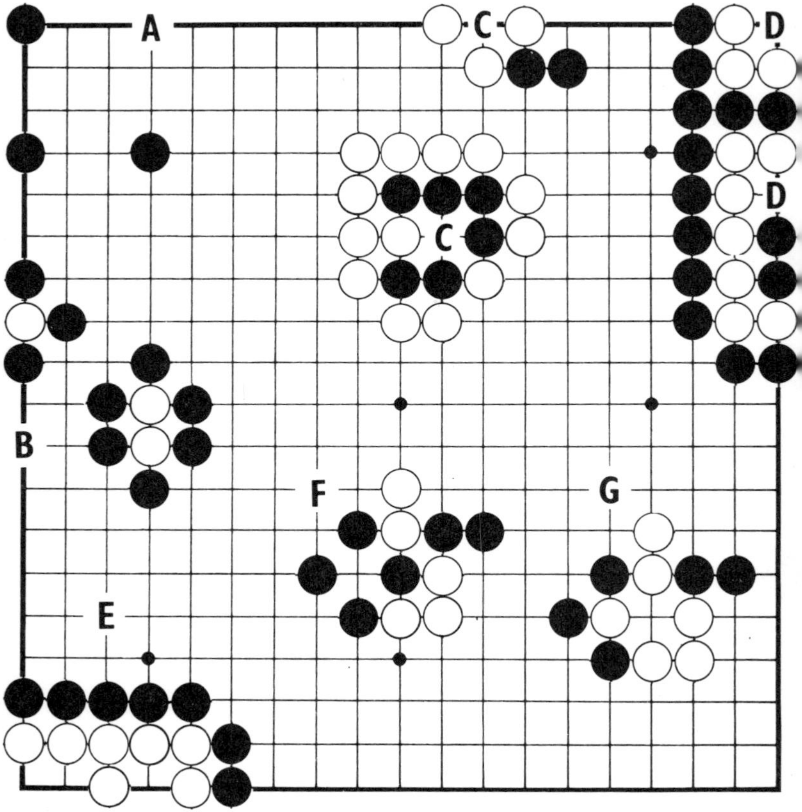

Diagramm 1
A: Freiheiten.
B: Die Weißen Steine sind gefangen.
C: Selbstmordverbot.
D: Schwarz fängt die weißen Steine.
E: Die weiße Gruppe lebt.
F: Schwarz schlägt das Ko.
G: Weiß schlägt das Ko.

3. Das Setzen. Weiß verfügt über 180 Steine, Schwarz, da es beginnt, über 181. Es ist allerdings so gut wie ausgeschlossen, daß ein Spieler jemals all seine Steine verbraucht, da ja einige Flächen auf dem Brett frei bleiben. Bis auf zwei Ausnahmefälle, die gleich beschrieben werden, darf jeder freie Punkt besetzt werden. Ein einmal gesetzter Stein bleibt für den Rest der Partie auf seinem Punkt liegen, er wird nicht mehr irgendwie bewegt ...

4. Gefangennahme. ... außer, wenn er vom anderen gefangen wird. Die von einem Brettpunkt ausgehenden Linien nennt man *Freiheiten.* Ein Eckpunkt hat demnach zwei, ein Punkt am Rand drei und ein Punkt innerhalb des Bretts vier Freiheiten (A in Diagramm 1).

Entlang einer Linie miteinander verbundene Steine bilden eine *Gruppe* mit entsprechend mehr Freiheiten als die einzelnen Steine. Werden alle Freiheiten eines Steins oder einer Gruppe von gegnerischen Steinen besetzt (B in Diagramm 1), so gilt der Stein oder die Gruppe als gefangen und wird sofort vom Brett genommen und beiseite gelegt. Jeder gefangene Stein zählt bei der Endabrechnung einen Punkt.

Die Möglichkeit des Gefangenwerdens verhindert, daß ein Spieler seine Steine planlos in das gegnerische Gebiet hineinsetzt, um es zu verkleinern. Außerdem muß jeder Spieler die Grenzen seiner eigenen Gebiete so sichern, daß sie nicht durch das Herausfangen einzelner Steine zerstört werden können. Er muß, mit anderen Worten, *lebende Gruppen* bilden, die auf keinen Fall gefangen werden können.

5. Selbstmordverbot. Eine Ausnahme von der freien Wahl des Brettpunktes bildet das Verbot des Selbstmordes. Ein Stein darf nicht auf einen vollständig von gegnerischen Steinen umgebenen Punkt gesetzt werden, bzw. kein Stein darf einer Gruppe angehängt werden, wenn diese dann vollständig unzingelt und gefangen wäre. Die Punkte C in Diagramm 1 zum Beispiel dürfen von Schwarz nicht besetzt werden.

Kein Selbstmord liegt vor, wenn die freiheitsraubenden Steine durch diesen Zug selbst gefangen und vom Brett genommen werden. Die Punkte D in Diagramm 1 dürfen von Schwarz also besetzt werden.

Eine Gruppe von Steinen lebt darum absolut, wenn sie mindestens zwei *Augen,* also festumschlungene kleine Gebiete besitzt (E in Diagramm 1). Diese beiden Innenfreiheiten können vom Gegner wegen des Selbstmordverbots ja nicht gleichzeitig zugesetzt werden, so daß so eine Gruppe mit mehr zu fangen ist.

6. Ko. Die zweite Ausnahme von der freien Wahl des Brettpunktes bildet das sogenannte *Ko* (jap.: unendlich, endlos). Wurde ein einzelner Stein geschlagen, und könnte der schlagende Stein seinerseits sofort zurückgeschlagen werden (F in Diagramm 1), so bestünde die Gefahr einer endlosen Wiederholung der gleichen Züge. Um dies zu verhindern, muß nach jedem Schlagen beispielsweise von Schwarz der Weiße zuerst einen Zwischenzug machen, bevor er zurückschlagen darf. Er wird also, wenn er auf seinen Stein nicht verzichten möchte, an anderer Stelle des Bretts eine sogenannte *Ko-Drohung* spielen, einen für den Gegner gefährlichen Zug. Reagiert der auf diese Drohung, weil sie ihm gefährlich genug erscheint, so kann Weiß das Ko zurückschlagen (G in Diagramm 1), worauf nun Schwarz sich bemühen wird, seinerseits eine geeignete Ko-Drohung zu finden. Ein Beispiel für einen derartigen Ko-Kampf finden sie in der zweiten Partie, beginnend mit Zug 163.

Das Ko endet, wenn einer von beiden keine Ko-Drohung mehr hat, auf die der andere reagieren müßte.

7. Ende der Partie. Ein Spiel ist zuende, wenn keiner der beiden Spieler mehr setzen möchte. Das ist dann der Fall, wenn beide ihre Steine nur noch in eigenes, bereits sicheres Gebiet setzen können und es damit verkleinern, oder in das Gebiet des Gegners, wo sie aber gefangen werden. Sind die Spieler hierüber unterschiedlicher Meinung, so darf einer von ihnen durchaus passen, während der andere weiter setzt. Ergibt sich eine neue Situation, so kann der passende Spieler das Spiel wieder aufnehmen. Die japanischen Regeln, die keinen Zugzwang vorsehen, weichen in diesem Punkt übrigens von den chinesischen Regeln ab.

8. Vorgabe. Um große Unterschiede in der Spielstärke zweier Spieler auszugleichen, können dem Schwächeren vorab bis zu neun Vorgabesteine gewährt werden. Dadurch können auch verschieden starke Spieler miteinander zu für beide Seiten interessanten Partien kommen. Die Vorgabesteine werden auf die besonders markierten Sternpunkte des Brettes gesetzt.

Insbesondere die Japaner haben die ästhetischen Ansprüche an Brett und Steine zu hoher Perfektion entwickelt. Der klassische Go-Tisch besteht aus einem auf vier runden Füßen stehenden, ungefähr 24 Zentimeter hohen Holzblock. Die Blockunterseite ist ausgehöhlt, damit das Holz nicht reißt und beim Setzen der Steine ein schöner Klang entsteht. In Korea war es sogar üblich, die Höhlung aus diesem Grund zusätzlich noch mit Drahtsaiten zu bespannen. Nach einer recht martialischen japanischen Überlieferung war diese Höhlung ursprünglich dazu bestimmt, das Blut des Gegners aufzufangen, wenn die Partie einmal ein gewaltsames Ende nahm.

Das beste Holz stammt vom japanischen Kayabaum, obwohl man auch Katsura, Hinoki oder Ginko nehmen kann. Das Holz wird nach Wachstum und Maserung sorgfältig ausgewählt, besonders geeignet ist das Kernholz der über 300 Jahre alten Bäume aus der Gegend von Hyuga auf der Insel Kyushu. Die Bäume werden im Winter gefällt, das Holz muß dann noch fünf Jahre lagern. Leider gibt es nicht mehr viele dieser Bäume.

In der Technik des applizierten Goldlacks prachtvoll verzierter Go-Tisch. Edo-Zeit (1615–1868).

Bei kostbaren Spielen bestehen auch die linsenförmigen Steine aus edlem Material. Die weißen Steine werden aus der Perlmutter einer bestimmten Muschelart geschliffen, die man in der Nähe der Küste von Hyuga findet, dem selben Ort merkwürdigerweise, wo auch die Kayabäume wachsen. Da die Steine nur aus dem dicksten Teil der Schale gemacht werden können, erhält man pro Muschel meist nur einen Stein.

Die schwarzen Steine sind geringfügig breiter als die weißen, damit sie auf dem Brett optisch gleich groß wirken. Sie werden aus dem schieferartigen Nachistein von Hand poliert. Die Dosen zum Aufnehmen der »Tauben und Raben«, wie die Steine manchmal poetisch genannt werden, fertigt man in der Regel aus Kirschholz. Besonders kostbare alte Spielsätze, die in einigen Klöstern aufbewahrt werden und nur noch zu zeremoniellen Anlässen benutzt werden, sind von heute unbezahlbarem Wert. Für den modernen Massenbedarf hingegen werden die Steine inzwischen aus Glas industriell gefertigt, und es haben sich normale Spielbretter von der Dicke eines Schachbrettes eingebürgert. Selbst Bretter aus Pappe mit kleinen Plastikchips als Spielsteinen sind heute im Handel. Allerdings zeigt die Erfahrung, daß ein Spieler, den die Freude am Go gepackt hat, den ästhetischen Reiz der Steinformationen recht bald auch in einem schöneren Material genießen möchte, mit Steinen, die gut in der Hand liegen und einem Brett, das einen satten Klang gibt.

Die Philosophie des Go

Abstraktheit und Leere

Die folgenden Betrachtungen verstehen sich als eine unvollständige, vom westlich geprägten Denken natürlich nicht zu lösende Annäherung an die Faszination des Go-Spiels. Wahrscheinlich wird jeder Spieler, der ein Stück weit in dieses grenzenlose Reich vorgedrungen ist, eine eigene Antwort darauf geben, worin für ihn der besondere Reiz des Spiels besteht. Obgleich die tiefe strukturelle Verwurzelung des Go im fernöstlichen Denken wohl erst im Laufe längerer Beschäftigung mit beidem zu erfassen ist, lassen sich doch einige allgemeine Feststellungen treffen.

Zunächst fällt der außerordentliche Abstraktionsgrad des Spiels auf, welcher ja noch den des Schachspiels übertrifft, das immer wieder als westlicher Vergleich zum Go herangezogen wird. Außer der Tatsache, daß es sich in beiden Fällen um strategische Denkspiele handelt, haben die beiden Spiele aber nicht viel miteinander gemein. Kein König bildet im Go das Lebenszentrum der eigenen Armee oder den zentralen Angriffspunkt der gegnerischen Truppen, keine Offiziere und Bauern bewegen sich nach je eigenen Zugregeln über das Brett, sondern die Elemente des Spiels sind: schwarze und weiße, völlig gleichwertige Steine, ein Gitterfeld von 19×19 Schnittpunkten und ein Satz von drei wesentlichen, dabei äußerst einfach strukturierten Spielregeln, nämlich der Regel des Setzens, der Regel des Schlagens oder Fangens und der Regel des Selbstmordverbots. Die Zusatzregel des Ko mag man noch hinzurechnen, wenngleich sie eher einen Sonderfall der Setzregel darstellt mit der Absicht, eine unendliche Wiederholung einer Zugfolge zu verhindern.

Katsukawa Shuncho (tät. 1780–1795): Go-Spieler.

Die Steine sind untereinander gleich, ihre Aufteilung in schwarze und weiße bildet nichts weiter als die Minimalvoraussetzung dafür, daß sich das Spielgeschehen überhaupt in zwei antagonistische Pole differenziert. Auf dieser Ebene ist Go also durchaus noch mit Spielen wie Dame oder Halma zu vergleichen. Doch schon die Anzahl der teilnehmenden Steine ist im Unterschied zu diesen Beispielen ohne Belang. Zwar befinden sich, sofern keine Katzen oder Kleinkinder im Haus sind, vor Spielbeginn eine genau abgezählte Anzahl von Steinen in den beiden Kirschholzschalen, 180 weiße und 181 schwarze, doch wird deren Menge im tatsächlichen Spielgeschehen niemals ausgeschöpft, da ja stets größere Brettflächen unbesetzt bleiben.

Bedeutung erhält ein Stein nur aus seiner Position auf dem Brett und seiner Rolle, die er für das Ganze spielt, das ihn wiederum erst dadurch zu einem wichtigen Stein werden läßt. Deshalb opfert der erfahrene

Gibbon Sengai (1750–1830): Es gibt Dinge, die selbst der Weise versäumt, während der Tor den Nagel auf den Kopf trifft und so, mitten im Tod, unerwartet einen Weg zum Leben entdeckt und in ein großes Gelächter ausbricht!

Spieler bedenkenlos einzelne Steine oder Gruppen, wenn ihre Verteidigung für das Ganze keinen Vorteil erbringt. Umgekehrt freuen sich Spielanfänger verständlicherweise über jeden gefangenen Stein, ohne zu berücksichtigen, ob sich dadurch auch ihre Gesamtstellung verbessert oder nicht. Parallelen zwischen diesem Wesenszug des Go und der ganzheitlichen, antiindividualistischen Vorstellungswelt der ostasiatischen Großgesellschaften liegen auf der Hand.

Im Unterschied zu vergleichbaren anderen Spielen endet eine Go-Partie nicht durch Verbrauch aller Spielsteine, sondern schon dann, wenn sich beide Spieler darauf einigen, daß es für sie keine sinnvollen Züge mehr gibt (siehe Seite 86). Dieser Zeitpunkt ist dann gekommen, wenn man seine Steine nur noch in eigenes Gebiet setzen könnte, das dadurch jeweils um einen Punkt verkleinert würde, oder in das Gebiet des Gegners, wo diese Steine aber gefangen werden und die Bilanz insgesamt unverändert lassen.

Bei Spielende ist auf dem Brett also ein stabiler Zustand erreicht, der von keinem der beiden Spieler in seiner Struktur mehr verändert werden kann. Das Spiel selber ist der zwischen zwei antagonistischen Kräften ablaufende Prozeß der Entwicklung dieses stabilen Zustandes. Den Ausgangspunkt bildet die ursprüngliche Leere des Spielbretts, jener uralten astrologischen Himmelskarte. Entwicklung von der Leere zur Form aber ist Schöpfung.

Die ursprüngliche Leere und Größe des Spielfeldes bedingt die gewaltige Komplexität des Spiels. Gegenüber der Menge von 10^{11} Sternen in unserer Milchstraße nimmt sich die Zahl von etwa 10^{120} möglichen Zugkombinationen im Schach schon recht imposant aus. Der entsprechende Wert für das Go-Spiel allerdings liegt (nach A. L. Zobrist) bei satten 10^{761}.

Leere bedeutet hier nicht nur Abwesenheit von Spielsteinen, sondern auch Nichtexistenz jeder richtungsmäßigen Orientierung: Es gibt kein Vorne oder Hinten, keine Grundlinie, die erreicht, und keinen König, der gejagt werden müßte, keine Frontlinie, die zu überschreiten oder verteidigen wäre. Wohl aber gibt es den Rand und die Mitte, und in deren Zentrum *Tengen,* den alten astrologischen Mittelpunkt des Himmels, den einzigen Brettpunkt, der in diesem punktsymmetrisch sich drehenden Kosmos kein Gegenüber findet und verhindert, daß sich zwischen den beiden Antagonisten eine achsensymmetrische Statik ergeben könnte.

Der Legende nach soll es einmal einen Kaisersohn gegeben haben, der, obgleich spielunkundig, seinen Lehrer dadurch in Verlegenheit brachte, daß er jeden Zug des Meisters auf dem gegengleichen Punkt beantwortete. Ein Zug auf Tengen vereitelt diese auch heute noch manchmal angewandte Strategie.

Andererseits bietet es aber auch keinen nachweisbaren Vorteil, wenn Schwarz sich mit dem ersten Zug dieses einzigartigen Punktes sofort bemächtigt. Er muß im restlichen Spielgeschehen auch beweisen können, daß sein Stein dorthin gehört. Solche Strategien ziehen ihre Wirkung vor allem aus dem psychologischen Affront, sofort das Zentrum des Bretts zu besetzen.

Komplexität erzwingt Offenheit

Idealtypisch formuliert, entwickelt sich eine Partie von den Ecken über die Seiten des Bretts ins Zentrum, die Mitte ist Ziel und nicht Anfang. Die Ecken besitzen den Vorteil, bereits von zwei Seiten umschlossen zu sein und den heimatlosen ersten Steinen relativ rasch eine vorläufige Basis zu bieten. Von dort tastet sich die Entwicklung entlang der Ränder der gegnerischen Ausdehnung entgegen. Erst danach beginnt die Phase der gegenseitigen Invasionen, des Rückzugs, der Flucht und der Ausdehnung in die Mitte hinein. Dieses Prinzip ist zunächst recht einfach einzusehen und liegt in der Logik des Spiels. Bereits im ersten Jahrhundert vor unserer Zeitrechnung übermittelte der Hofbeamte Huan Tan seinem Kaiser Cheng Di folgenden Bericht:

> »Es gibt da ein Spiel mit Namen Go. Manche halten es für eine Kriegskunst-Simulation. Der Eindruck, den es auf mich macht, ist folgender: Am Anfang setzt man getrennt und weit voneinander entfernt. In dieser Phase ist es wichtig, den richtigen Weg (Tao) zu beschreiten, dann wird man gewinnen. In der mittleren Phase wird unterteilt und geschnitten und man versucht, Vorteile im Kampf zu erringen. Am Ende schließt man die Ränder und Ecken und schafft kleine Gebiete.«

In dieser beamtenhaft nüchternen Beschreibung versäumte der Chronist auch nicht, das Zentralproblem mit einzubeziehen, die in der taoistischen Tradition stehende Frage nach dem richtigen Weg. Bei vergleichbarem taktischen Geschick zweier Spieler gibt natürlich die bes-

Go-Spieler. Ming-Dynastie (1368–1644)

sere Strategie den Ausschlag über Sieg und Niederlage. Die entscheidenden strategischen Entscheidungen werden aber in der Eröffnungsphase, dem *Fuseki*, gefällt, die vielleicht die ersten 15 bis 30 Züge umfaßt. In der strengen Urteilsweise des Berufsspielers sagte der Japaner Kajiwara einmal von einem Spiel, bei dem er gegen Schwarz unterlegen war: »Die Partie wurde im zweiten Zug verloren.« Es ist nicht ungewöhnlich, daß ein Profi in einer zweitägigen Partie mit zehn Stunden Bedenkzeit fast die Hälfte seiner Zeit für diese Anfangszüge aufwendet und die restlichen 150 bis 220 Züge in der verbleibenden Zeit abspielt.

Die Gründe hierfür sind auch ohne vertieften Einblick in die verwickelte Materie der Fuseki-Theorie ersichtlich: Gerade am Anfang geht die Zahl möglicher Zugkombinationen ins Astronomische. Selbst wenn man nicht alle regeltechnisch möglichen, sondern nur die Menge der sinnvoll spielbaren Züge in Betracht zieht, übersteigt die Komplexität der Anfangsphase des Go diejenige des Schachs um ein Mehrfaches. Hier liegt übrigens auch der Hauptgrund, warum es zwar bereits auf Großmeisterniveau spielende Schachcomputer gibt, vergleichbare Durchbrüche beim Go aber trotz idealer Voraussetzungen (gleichwertige Steine, einfaches Setzen auf einer 19 × 19 Matrix, etc.) noch ausstehen. Die besten Programme liegen heute auf dem Spielniveau eines Amateurs mit etwa halbjähriger Spielpraxis. Freilich lassen gesteigerter Speicherumfang, wachsende Rechengeschwindigkeit kommender Rechner und vor allem erheblich verbesserte Programme, die fähig sind, die tatsächlichen geistigen Operationen menschlicher Spieler zu simulieren, auch hier einigen Fortschritt erwarten.

Das Hauptaugenmerk eines Spielanfängers richtet sich naturgemäß zunächst auf die taktischen Aspekte des Go: das Verbinden eigener bzw. das Trennen und Fangen gegnerischer Steine, die Bildung lebensfähiger Gruppen, den Nahkampf oder die Entwicklung verteidigbarer Stellungen. Je tiefer er aber in die Materie vordringt, desto mehr wird er sich strategischen Fragen zuwenden, die schließlich für den Meister das eigentliche Rätsel darstellen und in der Wahl seines unverwechselbar persönlichen Spielstils eine pragmatische Antwort finden.

Diese Entwicklung wird von der schrittweisen Entdeckung einiger grundlegender Prinzipien geleitet. Zu Beginn einer Partie spielt man locker und weiträumig. Die ersten vier Züge verteilen sich vielleicht (idealtypisch formuliert) in die vier Ecken des Bretts. Danach folgen lose Ausdehnungen über die Seiten des Bretts, erste Andeutungen von Einflußsphären entstehen. Oft meint ein Novize, mit zwei oder drei Zügen in einer Ecke dürfe er diese jetzt als sein Gebiet betrachten. Welche Enttäuschung erlebt er, wenn ihm dieses später mit einigen Invasionszügen auf einen Bruchteil des ursprünglichen Umfangs reduziert oder gar ganz abgenommen wird. Oder aber er verteidigt »seine« Ecke mit Zähnen und Klauen und muß plötzlich feststellen, daß er sich zwar in seiner Burg verschanzen konnte, dafür aber dem Gegner das mehrfach größere Umland gehört. Er versteht noch nicht (was in China, Japan oder Korea kulturell wesentlich stärker verankert ist), daß man sich im Umgang mit einer unüberschaubaren Komplexität nicht voreilig festlegen darf. In der Anfangsphase des Spiels schafft man Latenz, Möglichkeit, Einfluß. Wo erst wenige Steine stehen und man noch wenig besitzt, hat man auch wenig zu verlieren, falls man angegriffen wird. Es gehört geradezu zum fortgeschrittenen taktischen Repertoire, den Gegner zu bestimmten Entscheidungen zu zwingen, um ihn, der nun schon einiges investiert hat, auf den abschüssigen Weg der negativen Konsequenzen seiner voreiligen Entscheidung zu trei-

Okumura Masanobu (ca. 1686–1764): Das Fest Tenshins, des Gottes des Studierens.

ben. Wie die Partien im letzten Teil des Buches zeigen, kann man sich sogar mehrmals im Spiel von eigenen Gruppen trennen, »sie verkaufen«, wenn man im Gegenzug an anderer Stelle Gewinn einstreichen kann.

Einen effizienten Umgang mit Problemen der Komplexität beweist, wem es gelingt, Situationen des *Miai* zu schaffen, wo es zu einem Problem zwei gleichwertige Lösungen gibt: Drückt der Gegner von links, so gehe ich nach rechts, kommt er aber von rechts, so dehne ich mich nach links aus. Das gibt dem Spieler die Chance, dieses Problem für den Augenblick unentschieden zu lassen und sich stattdessen aktiv und faktenschaffend einem neuen Schauplatz zuzuwenden.

Das Unbehagen, sich zu früh eindeutig festzulegen, kann man natürlich einerseits in Zusammenhang bringen mit dem hohen Konformitätsdruck der auf Autorität gegründeten hierarchischen Massengesellschaften Ostasiens, der jedoch dem Einzelnen auch wieder ein hohes Maß an Aufgehobenheit und Sicherheit garantiert. In dieses Bild paßt zum Beispiel sehr schön, daß große japanische Unternehmen, die ihren

Angestellten ja auch gern die hauseigenen Ehegatten vermitteln, auch den Go-Unterricht in ihr Schulungsprogramm aufgenommen haben.

Andrerseits liegen diesem Unbehagen aber auch tiefer reichende, buddhistisch und taoistisch inspirierte Überzeugungen von der prinzipiellen Vieldeutigkeit der Welt zugrunde, von der Unmöglichkeit eindeutiger Sätze über die Wirklichkeit. Das ist nur schwer vereinbar mit der westlichen, in der verstandesorientierten Tradition der Aufklärung stehenden Denkweise. Die Verzweiflung westlicher Geschäftsleute an der langwierigen und unklaren Verhandlungsführung ihrer japanischen Gesprächspartner entsteht zum Teil also auch aus ihrer Unkenntnis des grundsätzlich anderen Stellenwertes, den Entscheidungen im östlichen Wertesystem einnehmen.

Doch zurück zum Go. Häufig geschieht es, daß im Verlauf des Kampfgeschehens eigene Steine versprengt hinter den feindlichen Linien zurückbleiben. Anfänger, die dies bemerken, versuchen nun gerne, auch noch diese Steine durch Flucht ins offene Gelände zu retten oder durch Hinzufügen weiterer Steine zu einer lebenden Stellung auszubauen. Manchmal mag das gelingen, zu oft aber müssen derartige Versuche abgebrochen werden, da sich die zahlenmäßige Unterlegenheit der Einzelnen gegenüber einem stetig stärker und fester werdenden gegnerischen Trupp nicht durch ein Wunder umkehren läßt. Solche Versuche bieten dem Gegner nur eine hochwillkommene Gelegenheit, seine eigene Position, die ja durchaus noch nicht endgültig sicher gewesen sein mag, durch kostenloses Anfügen weiterer Steine zu befestigen und zu klären.

Für den Moment auf verlorenem Posten stehende Steine inmitten gegnerischer Gruppen enthalten sehr häufig ein für den Umzingelnden negatives Gefahrenpotential. Der Japaner spricht hier von einem *Aji* der Stellung, was sich ungefähr mit »Geschmack« übersetzen läßt. Der ungeklärte Status solcher Steine – sind sie nun gefangen oder nicht? – zwingt den mit einem Anspruch auf eigenen Einfluß dort Spielenden zu erhöhter Vorsicht, denn von außen kommende Befreiungsdrohungen oder plötzlich aufflammende Partisanenaktionen können ihm später etliches Kopfzerbrechen bereiten. Der Besitzer solcher Steine sollte sich hüten, ihr Potential zu früh zu vergeuden, indem er eine Entscheidung erzwingt, die für ihn in aller Regel nur nachteilig sein kann, (vgl. Zug 41 der vierten Partie). Im Gegenteil: Das Schaffen von Aji,

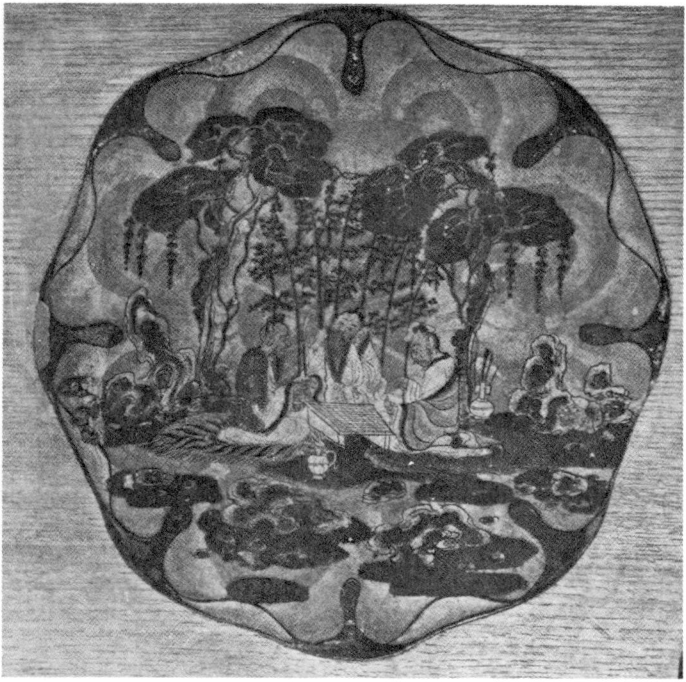

Biwa-Plektron aus Maulbeerholz mit Go-Motiv. Nara-Zeit (710–794).

von Latenz und Offenheit, ist ein so wichtiges taktisches Instrument, daß gute Spieler bei jeder günstigen Gelegenheit einige Partisanen innerhalb gegnerischer Einflußzonen zurücklassen oder geradezu dort einschleusen, um den Gegenüber zu einer lokal zurückhaltenderen Spielweise zu zwingen.

Bisher wurde also von drei Formen des Umgangs mit der Komplexität des Go-Spiels gesprochen, denen eine Vermeidung vorzeitiger Festlegung gemeinsam ist. Die lockere, raumgreifende Plazierung der Steine im Fuseki, die erst im Mittelspiel einer sich verdichtenden Spielweise Platz macht, vermeidet zu frühe Festlegung, auf die einen der andere Spieler mit guten Erfolgschancen verpflichten könnte.

Tablett. Goldlack-Arbeit, Muromachi-Zeit (1334–1567).

Das Erreichen von Positionen des Miai, in denen zwei gleichwertige Lösungen zur Verfügung stehen, erlaubt es, solche Stellungen zunächst sich selber zu überlassen und die Initiative auf einem anderen Schauplatz zu ergreifen. Das Schaffen von schlechtem Aji innerhalb der Stellung des Gegners zwingt diesen zu einer lokal vorsichtigeren Spielweise, weil man verschiedene Drohungen erzeugt, die sich des restlichen Potentials dieser noch nicht endgültig vom Brett entfernten Steine bedienen.

Entsprechend lassen sich typische Fehler von Spielneulingen als gegenteilige Verhaltensweisen beschreiben. Viel zu früh stürzen sie sich in Nahkämpfe, schaffen klumpige und schwere Steingebilde, die wenig Wirkung auf größere Bretträume ausstrahlen und eher eine

Belastung darstellen, da sie um jeden Preis verteidigt werden müssen, falls man nicht auf eine größere Anzahl von Steinen verzichten will.

Offene, nicht entschiedene Stellungen auf dem Brett sind ihnen entweder eine nervliche Belastung, oder sie verstoßen gegen ihre westlich geprägte Erwartung, möglichst rasch zu erfahren, welche Stücke vom Kuchen ihnen denn eigentlich zustehen. Nach dieser Methode werden es jedenfalls häufig die kleineren sein. Interessant ist nämlich, daß hier keineswegs von äußerlich an das Spiel herangetragenen moralischen Grundsätzen die Rede ist, sondern von spieltheoretisch begründbaren Konstanten, die im Erfolg des Spielens selbst bestätigt werden. Doch davon gleich noch mehr.

Das Joseki

Zuvor soll noch von einer typischen Übergangsform der anfänglichen Offenheit des Spiels in Stellungen höherer Bestimmtheit gesprochen werden, dem *Joseki.* Ein Joseki besteht aus einer bestimmten Folge von Zügen, die sich im Laufe der Spielgeschichte herausgebildet hat und beiden Spielern ein lokal gleichwertiges Ergebnis verspricht. Tausende von Joseki-Varianten entstehen aus den verschiedenen Angriffsformen auf eine mit einem gegnerischen Stein besetzte Ecke. Die Gleichwertigkeit der Ergebnisse kann darin bestehen, daß sich beide die Ecke teilen und ihre Gruppen dort aneinander stabilisieren. Vielleicht nimmt aber auch einer die gesamte Ecke, wird dabei allerdings von der Brettmitte abgeschnitten und überläßt dem anderen den ebenso wichtigen Außeneinfluß. Vielleicht überläßt ein Spieler dem anderen den größeren Teil des Eckgebietes, trennt dafür jedoch dessen Gruppe in zwei Teile und widmet sich anschließend dem Angriff auf diese Grüppchen. Es gibt viele Möglichkeiten. Entscheidend ist, daß die Zugfolge für beide lokal gleichwertig ist, wodurch sie geradezu erst als Joseki definiert wird. In diesem Sinn stellt ein Eckjoseki also einen Übergang dar von der anfänglichen Leere des Bretts hin zu konkreteren Strukturen, den beide Spieler eher mit- als gegeneinander spielen, da ja lokal keiner von beiden einen Vorteil über den anderen erringt.

Allerdings ist hier »lokal« das entscheidende Wort. Jedes Joseki beeinflußt das Geschehen in den benachbarten Ecken, ja auf dem gesamten Brett, und ist daher im Rahmen bereits fortgeschrittener Ent-

Watanabe Kazan (1793–1841): Go-Spieler.

wicklungen mehr oder weniger vorteilhaft. Die Grundstruktur des Joseki ist die des gleichwertigen Gebens und Nehmens die ja schon z.B. im Miai zu erkennen war: der eine das Gebiet am Rand, der andere den Einfluß zur Mitte; der eine die linke Seite, der andere die rechte, etc. Dieser Punkt kann nicht nachdrücklich genug betont werden: *Go ist ein Spiel des Gebens und Nehmens.* Man kann nicht alles bekommen. Wenn ich mich für die rechte Seite entscheide und dort spiele, kann ich nicht zugleich auch die linke dichtmachen und muß es also zulassen, daß der andere dort spielt. Auf allen Hochzeiten zu tanzen, heißt nämlich nicht, überall auf dem Brett gleichmäßig stark, sondern im Gegenteil gleichmäßig schwach und verzettelt dazustehen und einem zielstrebigen Gegner zwingend zu erliegen. Die hohe Kunst des Go besteht darin, in den wechselnden Manövern des Gebens und Nehmens eine harmonische Gesamtstellung aufzubauen, den spezifischen Vorteil eines Josekis, z. B. den starken Einfluß auf eine bestimmte Seite, mit dem entsprechend gewählten Joseki in der gegenüberliegenden Ecke zu verbinden, so daß beide sich gegenseitig ergänzen und stärken. Go gewinnt man, jedenfalls auf der idealen Ebene der meisterhaften Beherrschung des Spiels, nicht durch Übervorteilung des Gegners, sondern durch die harmonische Kombination der eigenen Entwicklung im ständigen Hin und Her von Geben und Nehmen. Der Zweck der kommentierten Partien am Ende des Buches ist es unter anderem, gerade dem Anfänger einen Eindruck von dieser Bewegung zu vermitteln. Auch wenn er dort die taktische Bedeutung vieler Züge, die Wahl bestimmter Brettpunkte, noch nicht ganz nachvollziehen kann, wird er den harmonischen Fluß dieser Meisterpartien an ihrem ästhetischen Gleichmaß erkennen.

Der Vorteil der Initiative

Dem fundamentalen strategischen Prinzip des Ausgleichs von Geben und Nehmen entspricht auf der taktischen Ebene der Wechsel von *Vorhand* und *Nachhand.* Vorhand bekommt, wer nach einer Zugfolge als erster den Schauplatz verlassen kann, um an anderer Stelle die Initiative zu ergreifen. Die Nachhand behält demnach, wer, um das bisher Erreichte nicht zu gefährden, noch einen Sicherungszug machen muß, bevor er an anderer Stelle weiterspielen kann. Anfänger sind häufig fasziniert vom Profit, den sie einstreichen können, weil ihr Partner einen Schauplatz verläßt, sie aber dort noch einmal spielen. Dabei berücksichtigen sie zu wenig, daß die Wahl eines neuen Schauplatzes und die Entscheidung über die Art der dort geführten Auseinandersetzung ungleich ergiebiger sein kann. Ein Spieler muß stets überlegen, ob eine Nachhand so profitabel ist, daß er dafür gerne dem anderen die Vorhand gibt, oder ob der zusätzliche Nutzen eines weiteren Zugs geringer wiegt als die Initiative an anderer Stelle.

Eine Vorhand mag zum Beispiel der Einbruch in die große Einflußsphäre des Gegners sein. Wenn er nicht alles verlieren will, muß er auf den Angriff reagieren, soviel wie möglich von seinem potentiellen Gebiet verteidigen. Da hier immerhin in seiner Einflußsphäre gekämpft wird, kann es gut sein, daß der Angreifer den gelungenen Einbruch mit dem Verlust der Vorhand bezahlt, da er sich noch einmal sichern oder zurückziehen muß. Die Vorhand geht auf den Attackierten über, der sie dazu benutzen wird, nun seinerseits einen Einbruch in die fremde Einflußsphäre zu beginnen oder eine ähnlich profitable Aktion zu starten. So stellt sich wiederum ein Ausgleich von Geben und Nehmen her, wenn auch diesmal, anders als bei einem Joseki, im zeitlichen Nacheinander. Kann der Angegriffene ausrechnen, daß er eine Attacke nur mit Nachhand abzuwehren in der Lage ist, so daß der Angreifer anschließend auf einem weiteren Schauplatz erneut die Initiative ergreifen und Gewinn machen darf, so sollte er sich überlegen, ob er die erste Aktion überhaupt beantwortet. Stattdessen sollte er vielleicht auf dem nächstwichtigen Schauplatz selber die Initiative ergreifen. Zwar verliert er möglicherweise größere Teile seines erhofften Gebiets, kann sich dafür aber durch einen Gegenbesuch schadlos halten und die Pläne seines Gegenspielers durchkreuzen.

Besonders im Endspiel, wenn es um das letzte Abstecken kleinerer Gebiete geht, tauchen viele Situationen auf, in denen beide Spieler mit Vorhand ziehen können, weil der andere auf jeden Fall reagieren muß. Wer einmal Partien zwischen erfahrenen Spielern beobachtet, wird feststellen können, wie einer der Spieler durchaus profitablere Züge

Isoda Koryusai (tät. 1764–1788): Die junge Kurtisane Mandaya beobachtet ihre Zofen beim Spiel. ▷

湖龍画

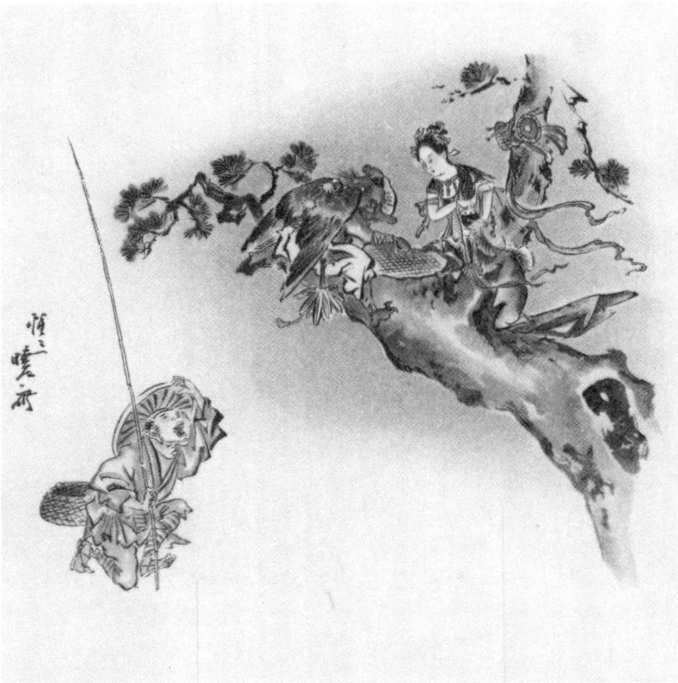

Kawanabe Kyōsai (1831–1889): Zwei Geister (Tengu und Tennin) im Spieleifer.

unterläßt, weil sie ihm die Nachhand gebracht hätten, um dafür eine Serie kleinerer Vorhandzüge zu spielen; erst nach der letzten verfügbaren Vorhand schließt man eine solche Serie mit der größten Nachhand ab, die das Spiel noch bietet. Dem Spielanfänger kann nicht nachdrücklich genug ans Herz gelegt werden, es sich zur festen Gewohnheit zu machen, jeden Zug auf seine Qualität als Vor- oder Nachhandzug zu überprüfen. Das mag besonders zu Anfang noch häufiger mißlingen, doch gibt diese Beobachtung ein zuverlässiges Mittel in die Hand, seine Spielstärke rasch zu verbessern.

Der letzte Abschnitt dieses Kapitels, die Vorstellung der sogenannten Go-Sprichwörter, soll mit einer simplen Beobachtung beginnen. In einer Lehrpartie mit einem stärkeren Spieler fragt ein Anfänger diesen gern: »Soll ich diesen oder jenen Zug machen?« »Ist der Zug hier richtig?« Häufiger als ihm lieb ist, wird er die Antwort hören: »Das hängt ganz davon ab, was du damit beabsichtigst.« Zwar gibt es oft genug Situationen, in denen in einer bestimmten Gegend unbedingt gespielt werden muß, um gravierende Nachteile für das Ganze zu vermeiden. Aber ebensooft kann man sich dann immer noch über die Wahl des konkreten Brettpunkts streiten, und ebensooft findet sich ein Spieler auch vor mehreren gleichwertigen strategischen oder taktischen Alternativen. Hier muß er sich stets auf seine globale Absicht, seine Grundidee besinnen, die die Perspektive aller Einzelentscheidungen bestimmt.

Die Wahl der Grundidee und des Stils, in dem man sie auszuführen gedenkt, hängt aber beim Go-Spiel so stark von der Persönlichkeit des Spielers ab, wie in wohl keinem anderen Spiel. Theoretisch läßt sich kein Vorzug einer mehr zur Mitte hin gerichteten, einflußorientierten Spielweise ableiten vor einer mehr zum Rand gerichteten gebietsorientierten. Kuwahara Shusaku (1829–1862), der »Unbesiegbare«, galt zum Beispiel als sehr ruhiger Spieler, der nur dann kämpfte, wenn es sich nicht vermeiden ließ. Der junge Koreaner Cho Chikun (geb. 1956) hingegen, mehrfacher Träger des Meijin-Titels, ist bekannt für seinen außergewöhnlich aggressiven Spielstil, seine Vorliebe, überall Kämpfe zu provozieren und die Gesamtlage auf dem Brett so kompliziert wie möglich zu machen. Die Japaner insgesamt spielen immer noch ein sehr stark theorieorientiertes, in der klassischen Tradition stehendes Go, während chinesische Spieler häufig eine sehr spontane, beinahe anarchische Spielweise an den Tag legen. Verblüffend ist hier nur, daß jede Strategie gegen jede andere erfolgreich sein kann, solange ein Spieler im Lauf der Zeit den ihm gemäßen Stil findet.

Auf dem Weg dieser Entwicklung nun kann ein Spieler sehr persönliche Dinge über sich erfahren. Die außerordentliche Abstraktheit und – jedenfalls den Regeln nach – Einfachheit des Go bringen es mit sich, daß viele Spielentscheidungen nicht einfach aus der Logik der Stellung abgeleitet werden können. Wo mehrere Entscheidungen gleichermaßen möglich sind, wird die Wahl eines bestimmten Zuges eben zu einer Frage des Geschmacks, des Stils, ja des Charakters. Daß Go jahrhundertelang die geistige Lieblingsbeschäftigung buddhistischer Mönche ebenso wie kaiserlicher Feldherren war, hängt genau damit zusammen. Die Züge einer Partie enthüllen dem verstehenden Beobachter recht deutlich, ob ein Spieler zu geizig denkt, ängstlich darauf bedacht, das einmal Erworbene zu behalten; ob er gierig spielt und größere Beute sucht, als ihm zusteht; ob er auch in großer Gefahr mutig bleibt oder ob er wankelmütig klare Entscheidungen vermeidet.

Im Laufe der Jahrhunderte haben sich vor allem in China einige Sprichwörter entwickelt, die dem Go-Spieler bestimmte Verhaltensweisen anraten. Sie sind ursprünglich eigentlich nicht im Umfeld des Go entstanden, sondern stammen aus bäuerlichen, militärischen oder religiösen Zusammenhängen. Beachtenswert ist, daß die im Go geforderte Geisteshaltung den praktischen Anforderungen des Alltags offenbar so nahe steht, daß diese Sprichwörter bruchlos von einem auf den anderen Bereich übertragen werden konnten.

Dies wird allerdings begünstigt durch ihre typisch chinesische, sehr allgemeine und vieldeutige Formulierungsweise, die für das westliche Verständnis unbedingt eine Interpretation erfordert. Manche professionellen Spieler schätzen die Bedeutung dieser Maximen für das Go-Spiel so hoch ein, daß sie sie vor wichtigen Spielen Stück für Stück niederschreiben und sich in dieser kurzen Meditation fest vornehmen, ihre Spielweise danach zu richten.

圍棋

Begehre nicht zu gewinnen

Die Herkunft dieser Spruchweisheit liegt allgemein im Bereich des gesellschaftlichen Zusammenlebens. Sie bezieht sich vor allem auf die eigene Haltung bei Gesprächen mit Freunden, wo man nicht versuchen sollte, seinen Partner zu dominieren, sondern ihn mit einem Gefühl der Überlegenheit zurückzulassen. So erweckt man in ihm eine Stimmung der Freundlichkeit und Zufriedenheit. In dieser Hinsicht stellt der Satz also eine Anleitung zum konfliktfreie Zusammenleben der Menschen dar.

Für den Go-Spieler nun ist mit dieser Einsicht der Aspekt der Harmonie auf dem Brett angesprochen. Wer versucht, das fließende Gleichgewicht des Spiels zu seinen Gunsten zu stören, schlägt einen Weg ein, auf dem es wahrscheinlicher wird, daß er eine Niederlage erleidet, als daß er gewinnt. So sind auch die professionellen Bewertungen von Situationen zu verstehen, in denen ein Spieler die Chance hätte, einen schon bestehenden kleinen Vorteil noch zu vergrößern.

Berufsspieler raten dazu, auf dem Weg des kleinen, aber sicheren Vorteils weiterzuspielen und nicht nach dem größeren Brocken zu schnappen. »Es gibt kein größeres Mißgeschick, als sich nicht begnügen zu können«, sagt Lao-tse.

Da das Go auf dem Grundsatz des Gebens und Nehmens beruht, wird der Versuch eines sehr großen Gewinns nämlich stets mit dem Preis erhöhter Angreifbarkeit an anderer Stelle bezahlt. Bei hohem Spielniveau gleichstarker Profis ist das jedoch ein sehr riskanter Weg. Beide werden ihre Strategie so wählen, daß sie so nahe wie möglich an die Grenzlinie der Bilanz von Geben und Nehmen vordringen, ohne sie aber von sich aus zu überschreiten. Dieser Moment kommt von selbst, wenn einer der Spieler zurückweicht, also durch einen Fehler seine Steine nicht mit der größtmöglichen Effizienz auf dem Brett plaziert.

Rational begründbares Sicherheitsdenken und traditionelles Spielerethos sind hier nur schwer zu trennen. Wenn ein professioneller Spieler erkennt, daß er eine Partie mit einem geringen Vorsprung sicher gewinnen kann, wird er sich damit begnügen, und von jeder Jagd nach fetterer Beute absehen, selbst wenn er diese theoretisch einstreichen könnte.

Die Herkunft dieses Spruches liegt eindeutig im militärischen Bereich. Der Gelehrte Shun-zi verfaßte ein Buch über Kriegskunst und Strategie, aus dem dieser Spruch stammt. Er wurde insbesondere von den Mongolen beispielhaft beachtet. Vor ihrem großen Südfeldzug gegen China schickten sie zunächst einige Jahre lang Kundschafter in die Gebiete, die sie später besetzen wollten. Dabei wurden Karten von dem Terrain, das den Mongolen bis dahin ja völlig unbekannt war, angefertigt, die um ein Vielfaches genauer waren als die Karten, die die dort stationierten chinesischen Truppen zur Verfügung hatten.

Doch auch im kommunikativen Bereich findet der Spruch seine Anwendung. Bei Themen, von denen man wenig Ahnung hat, soll man schweigen oder sich zumindest zurückhaltend äußern. Im westlichen Kulturkreis entspricht dem vielleicht der Spruch: Reden ist Silber, Schweigen ist Gold.

Go-Spieler haben die Weisheit ohne Veränderung übernommen. Die Strategie der Zurückhaltung im gegnerischen Einflußbereich ist gut, auch wenn es oft nicht leicht ist, sich daran zu halten. Das trifft vor allem immer dann zu, wenn der Gegner Fehler macht, und man mehr erreichen könnte, als einem eigentlich zusteht. Hier unterscheiden sich dann die Go-Spieler in ihrem Rang. Von hohen Dan-Spielern, vor allem von Profis, hört man öfter Aussagen wie: »Das Erreichte von Schwarz ist schon genug«, wenn Anfänger immer noch mitnehmen würden, was sie eben bekommen können.

圍棋

Geh nicht auf die Jagd, wenn dein Haus brennt

Diese Aussage spricht den Zeitpunkt an, zu dem eine Handlung begonnen werden sollte. Eine Aktion, sei sie auch noch so wertvoll, ist unangemessen, wenn sie zu früh oder zu spät erfolgt. Zugleich wird angedeutet, daß es etwas Höheres als den eigenen Willen gibt, nämlich die Situation oder die Lage der Dinge. Erst wenn man erkannt hat, wie sich eine Situation zur Zeit befindet, kann man beginnen, sein Vorhaben in die Tat umzusetzen. Außerdem wird darauf hingewiesen, daß man zunächst bei sich selbst Ordnung schaffen muß, ehe man nach außen tritt, insbesondere dann, wenn das Vorhaben eine Gefahr für einen selbst darstellt.

Vordergründig drückt dieses Sprichwort also die Warnung aus, im Spiel mit keiner Gruppe einen Angriff zu starten, deren Leben selber noch höchst unsicher ist. Dahinter verbirgt sich jedoch der ernstere Hinweis, die grundsätzliche Ordnung und Reihenfolge aller Dinge und Handlungen zu beachten. Diese Haltung kommt besonders schön in dem Konfuzius zugeschriebenen *Buch der Riten* zum Ausdruck.

Das Tao, also der richtige Weg der Großen Lehre, besteht darin, sich Klarheit über die Tugenden zu verschaffen. Es besteht in der Liebe zu den Mitmenschen. Es besteht darin, im rechten Augenblick innezuhalten.

Weiß man, wo man innehalten muß, entsteht geistige Festigkeit.
Gibt es geistige Festigkeit, dann entsteht innere Ruhe.
Hat man innere Ruhe, dann entsteht Gelassenheit.
Hat man Gelassenheit, dann entsteht besonnenes Nachdenken.
Gibt es besonnenes Nachdenken, so kommt das Gelingen.

Jedes Ding hat einen Anfang und ein Ende.
Jedes Ding hat ein Prinzip und ein Ziel.
Das Wissen darum ist der richtige Weg.

Immer schon versuchten die Menschen, wenn sie sich um die Dinge der Welt kümmerten, Ordnung im Großen zu schaffen.
Doch will man im Großen Ordnung schaffen, muß man zuerst Ordnung in seiner Familie schaffen.

攻
彼
顾
我

Gehe nicht auf die Jagd, wenn dein Haus brennt.

Will man Ordnung in seiner Familie schaffen, muß man zuerst an sich selber arbeiten.
Will man an sich selber arbeiten, so muß man zuerst im Herzen aufrichtig werden.
Will man im Herzen aufrichtig werden, muß man sich über seine Absichten klar werden.
Will man sich über seine Absichten klar werden, muß man sein Wissen bis zum Äußersten ausschöpfen.
Das aber heißt, den Grund aller Dinge zu erfassen suchen.
Hat man aber den Grund aller Dinge erfaßt, so ist das Wissen bis zum Äußersten ausgeschöpft.
Ist das Wissen bis zum Äußersten ausgeschöpft, werden die Absichten klar erkannt.
Hat man seine Absichten klar erkannt, wird man im Herzen aufrichtig.
Ist man im Herzen aufrichtig, so wird man selbst rein.
Ist man selbst rein, so wird auch die Familie in Ordnung sein.
Ist die Familie geordnet, dann tritt Ordnung im Großen ein und Friede wird herrschen unter dem Himmel.

圍棋

Ein größerer Gegensatz zu dem aus der christlichen Tradition stammenden »Geben ist seliger denn Nehmen« ist schwer vorstellbar. Dennoch liegt auch hier der Akzent anders, als es zunächst scheinen mag. Der positive Gedanke hinter diesem Sprichwort ist vor allem die Idee des Verwerfens überhaupt. Der buddhistische Rat, nach innen zu schauen und über die eigenen schlechten und guten Gedanken zu reflektieren, wird so angesprochen. Die Schwierigkeit liegt natürlich nicht in dem Problem, wie man etwas nehmen kann, sondern, wie man lernt, etwas, das man auf einfachste Art erhalten könnte, dennoch auszuschlagen. Der größte Gegner eines Spielers sitzt in ihm selbst. Eine Aufforderung zur Selbstdisziplin wird nicht ausgesprochen, wohl aber ein leiser Fingerzeig in diese Richtung gegeben.

圍棋

捨小就大

Verwirf das Kleine und nimm das Große.

Auch dieser Merksatz stammt ursprünglich aus dem militärischen Bereich. Er findet sich am Ende einer längeren Abhandlung, die sich mit der Verantwortung des Feldherrn für seine Soldaten befaßt. Erst nach ausdrücklicher Ermahnung zur Verantwortung steht dieser Satz am Ende der Abhandlung unter dem Vorzeichen eines großen Dennoch: Zugunsten eines höheren Ziels könnte es dennoch nötig werden, Teile der eigene Truppe zu opfern. Dem Go-Spieler soll dieser Spruch natürlich einschärfen, auch das Opfern von Steinen für den Sieg in Betracht zu ziehen.

Auf der anderen Seite hat das Wort »opfern« hier nicht den entsagenden, negativen Beisinn, den es in der abendländischen Tradition erhalten hat. Es beschreibt eher einen bestimmten Moment im natürlichen Kreislauf von Werden und Vergehen. So heißt es zum Beispiel in den naturphilosophischen Schriften:

Man kann nicht erwarten, alles, was man hat, auch behalten zu können. Der Wandel der Jahreszeiten nämlich ist der Atem der Natur und der Beweis ihres Lebens.

Es zeigt sich auch hier wieder die im Vergleich zum Westen wesentlich ganzheitlichere geistige Einstellung der chinesischen Philosophie. Man beklagt sich nicht über einen momentanen Verlust, sondern akzeptiert seinen Sinn im Dienst einer übergeordneten Bewegung.

圍棋

In großer Gefahr – opfere

Auch diese Maxime stammt wieder aus dem Bereich der Kriegsstrategie, doch wird mit ihr ein Aspekt angesprochen, bei dem die unterschiedliche Vorstellung von Heldentum und Stolz in der westlichen Welt und der asiatischen Vorstellung deutlich wird. Mit diesem Sprichwort wird vor allem vor der Sinnlosigkeit gewarnt, irgendwelche Ideale hochzuhalten, wenn sie dem eigenen Nutzen widersprechen oder zur Wirkungslosigkeit verdammt sind.

Ein Beispiel hierfür liefert die Geschichte eines Kaisers, der die Intellektuellen seines Landes zur konstruktiven Kritik an seiner Regierung aufgerufen hatte. Einer dieser Intellektuellen trat vor und kritisierte dabei Dinge, die er schon immer mal sagen wollte, wobei er aber offensichtlich den Rahmen des Erträglichen überschritt. Der Kaiser bestrafte ihn mit dem Tode und seine ganze Familie und deren Freunde und Bekannte gleich mit. Insgesamt starben innerhalb weniger Tage etwa 800 Menschen.

Interessant ist nun eigentlich erst die Stellungnahme der chinesischen Geschichtsschreiber zu diesem Vorfall. Mit keinem Wort wird etwas Negatives über den Kaiser gesagt, dafür aber viel Kritisches über den Aufsässigen. Die Idee, für Ideale einzutreten, wird auch in der chinesischen Vorstellung geschätzt, doch wenn das für die eigene Person oder, schlimmer noch, für andere Menschen gefährlich werden könnte, sollte man auf keinen Fall auf seinem Ideal beharren.

Der Gehalt dieses Sprichworts, die Aufforderung zur Flexibilität, steht in einem gewissen Spannungsverhältnis zur gleichzeitig bestehenden Forderung an den Go-Spieler, konsequent und mutig seinen Plan zu verfolgen. Jede Verhaltensweise allerdings entfaltet, wie die nachfolgenden Zitate verdeutlichen, erst unter den geeigneten Bedingungen ihren spezifischen Wert, keine von ihnen wird also absolutgesetzt. Diese Tatsache allerdings, die Bedeutung der richtigen Balance von Konsequenz und Flexibilität, läßt in letzter Instanz die Flexibilität als den höheren der beiden Werte erscheinen. Die beiden nachfolgenden Urteile zweier hochrangiger Go-Spieler, die sich auf zwei verschiedene Partien des »Unbesiegbaren« Shusaku beziehen, werden deshalb nur einer solchen Denkweise als widersprüchlich vorkommen, die jeden der angesprochenen Verhaltenswerte sofort verabsolutieren möchte.

Das konsequente Festhalten Shusakus an seiner Idee, den Brennpunkt des Geschehens in das Zentrum des Brettes zu verlegen, war letzten Endes entscheidend für seinen Sieg.

Demgegenüber:

Die rücksichtlose Bereitschaft, seine Steine, die er bis auf einige Züge vorher noch um alles verteidigt hatte, herzugeben, zeigen die große Flexibilität dieses Spielers und machen sein tiefes Verständnis des Spiels aus.

圍棋

Maki Bokusen (1736–1824): Zankende Go-Spieler. ▷

Verhalte dich nicht leichtsinnig

Dieser Satz darf zur Abwechslung einmal genauso einfach verstanden werden, wie er dasteht. Er ermahnt zur Verantwortung gegenüber den Menschen und Dingen, über die man Verfügungsgewalt hat. Er ruft den Go-Spieler also zum überlegten Umgang mit seinen Steinen auf.

Es muß noch einmal darauf hingewiesen werden, daß die hier vorgestellten Sprichwörter vor allem für das ungeheuer ernsthafte Spiel der Professionals Bedeutung haben, die mit Go ihren Lebensunterhalt verdienen mußten und müssen. Der japanische Berufsspieler Kajiwara zum Beispiel beschreibt das Maß an Sorgfalt, das in jeden Zug zu legen sei, indem er das Go-Spiel mit einem richtigen Schwertkampf vergleicht: Eine falsche Bewegung und dein Kopf ist ab!

Im Spiel von Amateuren hingegen ist es oft geradezu unerträglich, wenn ein Spieler stundenlang über jeden Zug nachgrübelt. Hier soll man sich am Spiel erfreuen und Sieg oder Niederlage nicht so wichtig nehmen. Freilich hängt auch hier die Verbesserung der eigenen Spielweise davon ab, wieviel Sorgfalt man in jeden Zug legt.

Es ist nicht zu übersehen, daß gerade dieser Aspekt des Go der vom Zen-Buddhismus geforderten Haltung der Spontaneität zuwiderläuft, obwohl das Spiel jahrhundertelang gerade in den Klöstern besonders gepflegt wurde. Die ganze Erziehung des Zen läuft ja, mit der hier notwendigen Vereinfachung gesprochen, darauf hinaus, den Schüler zur Überwindung des unterscheidenden Denkens zwischen Wahr und Falsch, Gut und Böse zu bringen und ihn zu einer spontanen Annäherung an die wert-lose Wirklichkeit zu führen. In die entgegengesetzte Richtung hingegen weist die antispontane Tendenz dieses siebten Sprichwortes.

圍棋

Wenn der Gegner stark ist, sei vorsichtig

Die militärische Herkunft dieser Aussage ist nicht zu verkennen, doch die Anerkennung ihrer Bedeutung ist in Asien und im Westen sehr verschieden. Schaut man sich etwa militärische Beispiele aus der griechischen Klassik an, wo es als besonders heldenhaft galt, bis zum letzten Mann einer erdrückenden Übermacht zu trotzen, oder die jüngere mitteleuropäische Geschichte, die uns ähnliche Durchhalteparolen bescherte, dann erhält vor diesem Hintergrund die Aufforderung zur Vorsicht einen Geschmack von Nachgiebigkeit, ja Feigheit. In Asien werden diese Dinge ganz anders gesehen. Der taktische Realismus dieser Aufforderung drückt sich zum Beispiel in Maos Beschreibung des Partisanenkampfs aus:

Der Feind rückt vor – wir weichen ihm.
Der Feind steht still – wir stören ihn.
Der Feind ist müd' – wir greifen an.
Der Feind entflieht – wir schlagen ihn.

Welchen Unterschied der Geisteshaltungen offenbart der Vergleich zwischen der bekannten Hart-wie-Kruppstahl-Parole und der Aufforderung Maos: Seid vorsichtig wie die Jungfrauen und flink wie die Kaninchen!

Gewiß würde es hier zu weit führen, die Unterschiede beider Mentalitäten mit ihrem jeweiligen historischen Erfolg zu vergleichen. Wichtig ist die Einsicht, daß die chinesische Kampfweise nicht auf die Vermeidung von Schande, sondern auf das Erringen des Sieges gerichtet ist.

Den Go-Spieler lehrt dieser Satz, daß er in einer verfahrenen Situation keinen falschen Stolz zeigen darf, daß das sinnlose Anrennen gegen eine Übermacht keineswegs heroisch, sondern dem höheren Ziel des Sieges nur abträglich ist.

圍棋

»Eile mit Weile«, sagt man bei uns, und die Bedeutung der beiden Sprichwörter ist vergleichbar. Auf einer höheren Ebene wird hier aber auch die Stellung des Indidivuums zur Gesellschaft angesprochen, die Unterordnung der eigenen Absichten unter die realen Gegebenheiten. Dies fällt einem um so leichter, je mehr man die Wirklichkeit oder die Natur, von der man selbst ein Teil ist, als positiv und schön akzeptiert hat. Jeder Versuch, sich den gegebenen Umständen zu widersetzen, hat negative Konsequenzen. Die Einordnung in das Ganze hingegen wird mit Freude vollzogen, da hierdurch die Harmonie des gesamten Systems erreicht wird.

Dem Go-Spieler wird wiederum das Streben nach Harmonie empfohlen; die Lage auf dem ganzen Brett und die eigene Handlung müssen in Einklang miteinander stehen, und auch die Ambitionen eines Spielers sollten nicht den aktuellen Gegebenheiten zuwiderlaufen.

圍棋

动须相应

Geht man, dann in angemessener Weise.

势
孤
取
和

Allein gegen große Übermacht – wähle den Frieden.

Allein gegen große Übermacht – wähle den Frieden

Es mag erstaunen, diesen friedfertigen Satz als letzten in einer Reihe doch recht kriegerischer Maximen zu finden. Mit dieser Idee jedoch hat das chinesische Reich immer wieder alle Invasionen und Bürgerkriege, selbst den Imperialismus der Westmächte gegen Ende des vorigen Jahrhunderts überstanden. Auch heute würde es vermutlich keinem chinesischen Politiker einfallen zu behaupten, es gebe wichtigere Dinge als den Frieden. Eine Kultur, die den Frieden als so hohes Ideal akzeptiert hat, empfindet es nicht als Schande, ihn notfalls auch mit Zugeständnissen zu erreichen. Überhaupt hat in China die Idee der Kultur und ihrer Erhaltung stets Vorrang vor der Idee des Staates gehabt.

Auch am Go findet man größeres Vergnügen, wenn man die Frage nach Sieg oder Niederlage nicht für die wichtigste hält. Gerade in China ist es bei Spielen unter Freunden völlig üblich, nach einer Partie auf das genaue Abrechnen der Punkte zu verzichten. Man begnügt sich mit einem ungefähren Überblick, der gar nicht so wichtig ist, räumt die Steine ab und beginnt sofort ein neues Spiel. Das Spielen selbst ist das Wichtigste.

Ohnehin empfiehlt sich diese Einstellung schon deshalb, weil jeden Spieler die letztlich unbegreifliche Tiefe des Go-Spiels nur verbittern müßte, wenn er sie mit voller Konsequenz ausloten wollte. Für die hunderttausende von Amateurspielern auf der ganzen Welt, die vor allem ein intelligentes, höfliches Spiel unter Freunden suchen, versteht sich dieser Satz von selbst. Doch auch die gegenüber Amateuren in einer höheren Go-Welt lebenden Berufsspieler, von klein auf erzogen zum strengsten Studium des Spiels, wissen von ihrem eigenen Unvermögen, das Spiel *ganz* zu verstehen. Der viele Jahre lang unumstrittene Weltmeister und 9-Dan Rin Kaiho wurde einmal in einem Interview gefragt, ob er wohl in einer Partie gegen ein göttliches Wesen, wenn es denn ein solches geben sollte, bestehen könnte. Er antwortete: »Wenn ich vier Steine Vorgabe bekomme, werde ich wohl gewinnen. Bei drei Steinen bin ich mir nicht ganz sicher.«

圍棋

Die Partien

Es folgt eine Sammlung von fünf beispielhaften Partien, die zusammen etwa 1800 Jahre Go-Geschichte umfassen. Einerseits wurden die Partien danach ausgewählt, daß sie dem Leser einige grundlegende Ideen des Go in besonders deutlicher Form vermitteln können, so etwa die Ideen der Harmonie (Partien Eins und Fünf), des Ausgleichs (Partie Fünf), der Invasion und des Kampfs (Partien Drei und Vier) und des Unterschieds zwischen Einfluß und Gebiet (Partie Zwei).

Außerdem wird der Leser einige der besten und berühmtesten Spieler der Go-Geschichte in zum Teil entscheidenden Turnierpartien kennenlernen, die sie auf der Höhe ihres Könnens, ihrer Kunst, präsentieren.

Die Kommentare verzichten auf eine zu tief gehende Erörterung der taktischen Bedeutung einzelner Züge. Die Kompliziertheit der Materie und die erfoderlichen Variantendiagramme müßten vor allem den Anfänger nur verwirren. Stattdessen haben wir uns auf die Markierung einzelner Phasen des Spiels, den Verlauf bestimmter Manöver und die dahinterstehenden strategischen Absichten der Spieler konzentriert. Einzelne unverzichtbare Fachausdrücke, die hier und da eingestreut wurden, findet der Leser im kleinen Lexikon auf Seite 158 erklärt.

Wir möchten dem Leser nahelegen, die folgenden Diagramme nicht nur mit den Augen zu verfolgen, sondern der ungleich besseren Übersicht halber auf dem Brett nachzulegen. Das wiederholte Studium einer Partie wird ihm dann nach und nach die ganze Schönheit des betreffenden Spiels, aber auch des Go insgesamt erschließen. Viel Spaß!

Erste Partie

Datum: *195 n. Chr., Ort unbek.*
Weiß: *Sunce*
Schwarz: *Lü Fan*
Ergebnis: *unbek.*

Diese Partie weist eine Reihe von Besonderheiten auf. Zunächst einmal werden bereits vor der Partie je zwei weiße und schwarze Steine diagonal auf dem Brett plaziert. Diese Regel war damals üblich, sie vereinfacht den Spielbeginn. Erst Mitte des 15. Jahrhunderts beschlossen die japanischen Spieler, auf sie zu verzichten.

Die Partie ist sehr alt, mit ihren knapp 1800 Jahren die älteste durch Aufzeichnung bekannte Partie überhaupt. Es blieb jedoch leider nur die Mitschrift der Eröffnung bis zum 43. Zug erhalten. Freilich erkennt man schon an diesen wenigen Zügen die ausgeglichene, harmonische Spielweise zweier Meister der Frühzeit, die nach heutigen Maßstäben allerdings etwas gravitätisch und altmodisch, bisweilen sogar ein wenig nachgiebig wirkt. Man schaue sich zum Vergleich nur die fünfte Partie (S. 150) an, in der sich die beiden Kontrahenten Ishida und Rin bis zum 41. Zug bereits in die heftigsten Kämpfe verstrickt haben.

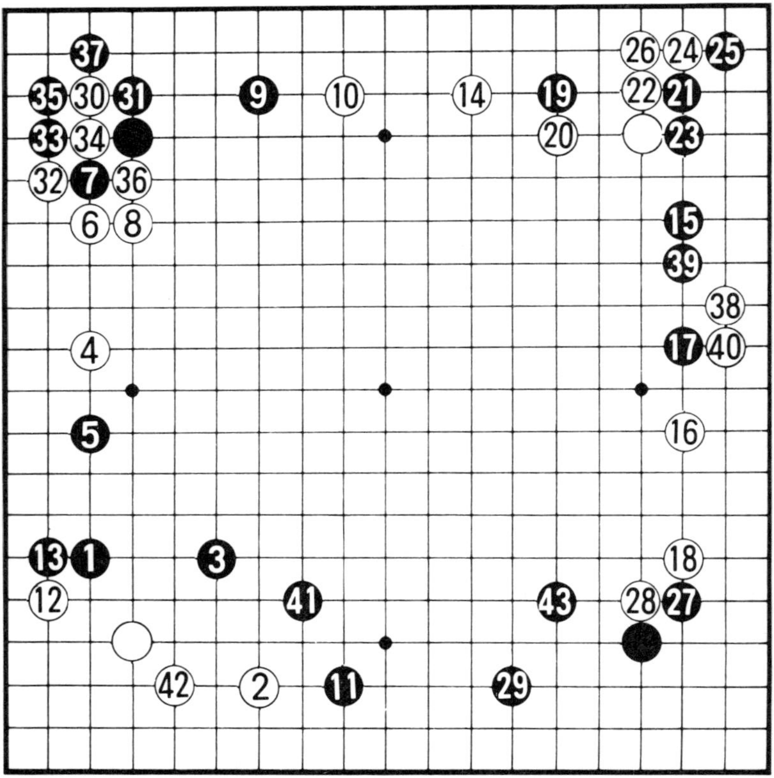

Figur 1: (1–43)

S 1 Üblicher Eckangriff.

W 2 Weiter, friedlicher Eckeinschluß.

W 4 Miai. Kann sich in beide Richtungen ausdehnen.

7, 8 Diese Folge ist heute noch üblich, damit W hier nicht an den Rand gedrückt wird.

10, 11 Altmodisch. Verfolgen beide die gleiche Idee, nämlich die gegnerische Ecke einzuschließen.

W 16 Wie 4.

15–18 Sehr sanfte, heute selten gewählte Spielweise von beiden.

19–27 S greift an. Er dringt mit Hilfe des Opfersteins 19 in die Ecke ein. Auch W stabilisiert sich, doch behält S die Vorhand und drückt weiter.

W 30 Gutes Timing, da S die Ecke sonst fest verschließen könnte.

W 36 Fängt und entfernt S 7.

W 38 Verbindet die beiden Steine nicht, sondern wählt einen aktiveren und größeren Zug.

S 41 Dafür wird W in der unteren Ecke endgültig eingeschlossen. Falls er jetzt auf diesen Zug nicht reagierte, sondern anderswo spielte (tenuki), könnte S eine ernstzunehmende Invasion starten.

Mit Zug 43 bricht die Aufzeichnung der Partie ab, ihren weiteren Verlauf kann man nur vermuten. Weiß besitzt vier kleine Gebiete. Schwarz mag seinen Außeneinfluß zum Aufbau eines großen Moyo in der Mitte nutzen, in das Weiß jedoch von mehreren Seiten eindringen könnte. Eine bis zu diesem Moment ausgeglichene Partie also.

Zweite Partie

Datum: *13. 8. 1842*
Weiß: *Ota Yuzo 6-Dan*
Schwarz: *Kuwahara Shusaku 3-Dan*
Ergebnis: *242 Züge. Schwarz gewinnt mit 5 Punkten.*

Dies ist die erste Parie, in der der späterhin der »Unbesiegbare« genannte Shusaku aufgrund seiner vorangegangenen Siege gegen Ota Yuzo ohne Vorgabesteine antreten durfte. Das ist um so bemerkenswerter, wenn man berücksichtigt, daß Shusaku damals erst ein 13 Jahre alter Newcomer war, während der 22 Jahre ältere Ota bereits zu den besten Spielern des Hauses Yasui gehörte und zwischen beiden ein Rangunterschied von drei Dangraden bestand.

Neben diesen denkwürdigen Umständen zeichnet das Spiel vor allem Shusakus brillante Spielweise aus. Konsequent verwirklicht er den schwierigen Plan, den Aufbau eines großen Moyo in der Brettmitte zu wagen. Spielanfänger können daran sehr schön erkennen, daß Partien auch anders als durch frühzeitige Gebietnahme in den Ecken gewonnen werden können. Außerdem enthält die Partie einen fast 70 Züge währenden Ko-Kampf. Fortgeschrittenen Spielern dürfte schließlich die Serie brillianter Manöver gefallen, mit denen Shusaku sein prächtiges Zentralgebiet nach und nach absteckt.

6–10 Ein damals sehr beliebtes Joseki ...

11–15 ... doch ist solch eine symmetrische Position sehr ungewöhnlich.

S 19 Die Eröffnung (Fuseki) ist bis hierhin sehr friedlich.

W 20 Die erste Herausforderung des älteren Ota.

S 21 S verteidigt nicht den flachen Rand, sondern nimmt mit 23 den Kampf auf.

S 37 Der erste Kampf ist beendet. W ist in die Seite eingedrungen und hat sich auf beiden Seiten stabilisiert. S besitzt die Ecke und einen wirkungsvollen Außeneinfluß.

S 39 Beginnt eine Gegeninvasion mit dem Ziel, seinen Außeneinfluß zu verstärken. Der Abtausch bis 42 endet mit Vorhand für S.

S 49 Das S-Moyo wächst, doch W wartet auf seine Chance.

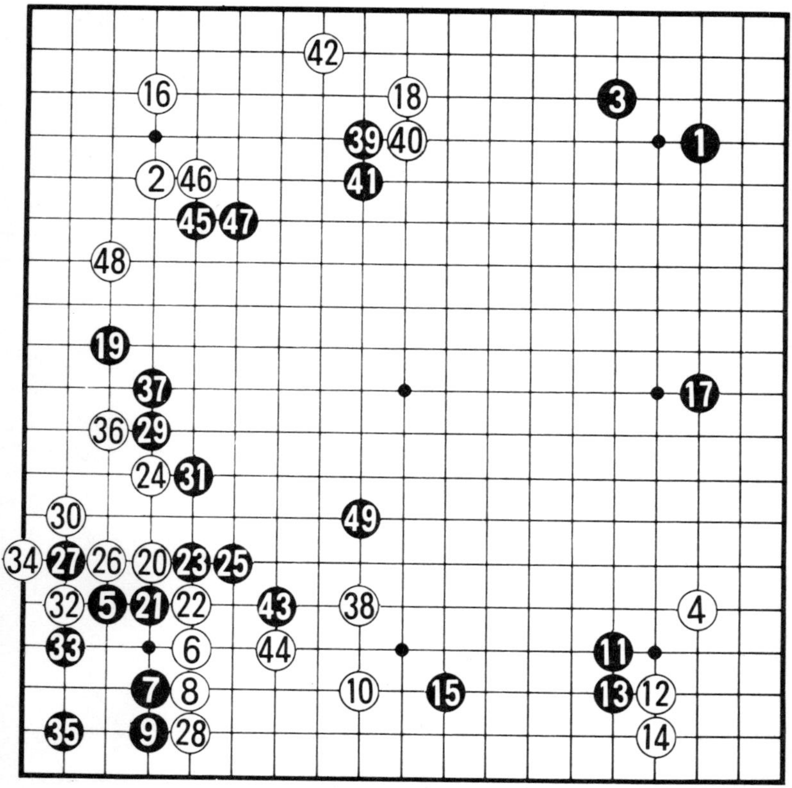

Figur 1: (1–49)

S 57 Exzellent. Droht, entweder die Mitte abzuriegeln oder, falls W vorstößt, eine große Ecke abzustecken.

W 62 W führt an sicherem Gebiet und wartet auf seinen Angriff auf das Moyo.

S 63 Konsequente Fortsetzung von 57.

64–76 W muß einen Gegenangriff versuchen, in dieser großen Anlage ist bestimmt auch Platz für zwei. S läßt ihn mühelos zu einer lebenden Stellung kommen, doch gewinnt er dabei weiter an Außeneinfluß.

77–87 Seinen Angriff auf die W-Gruppe kann S in eine weitere Abgrenzung des erhofften Gebiets verwandeln.

W 88 Letzte Möglichkeit für W!

W 96 Muß sein, sonst wäre die ganze Gruppe gefährdet.

S 97 Nun ist die untere W-Gruppe wieder in Gefahr. S wird dies später mit einer Reihe von Vorhandzügen von außen (111–115, 165, 219) ausnutzen.

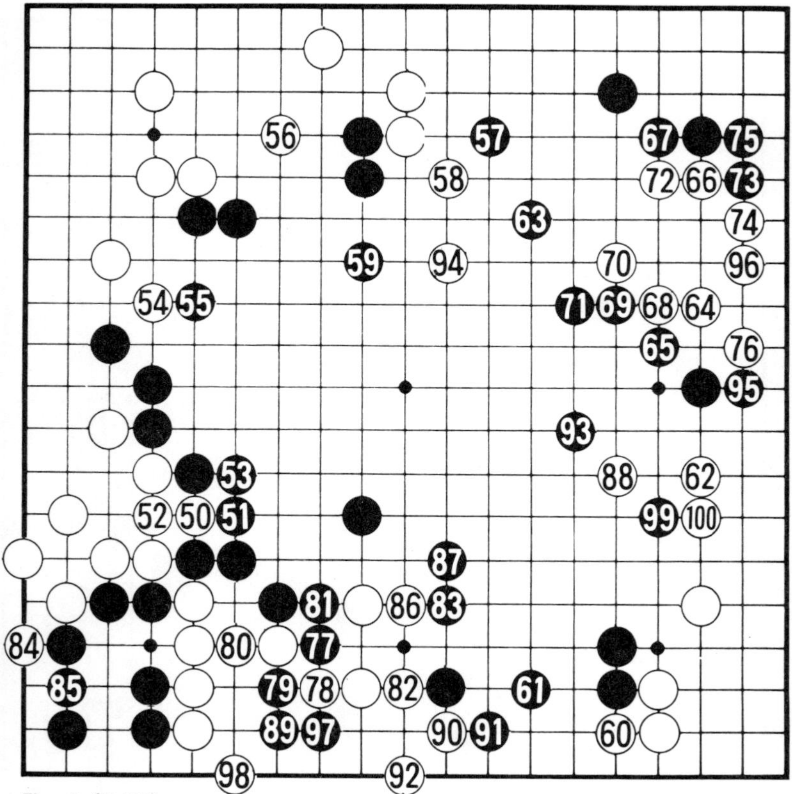

Figur 2: *(50–100)*

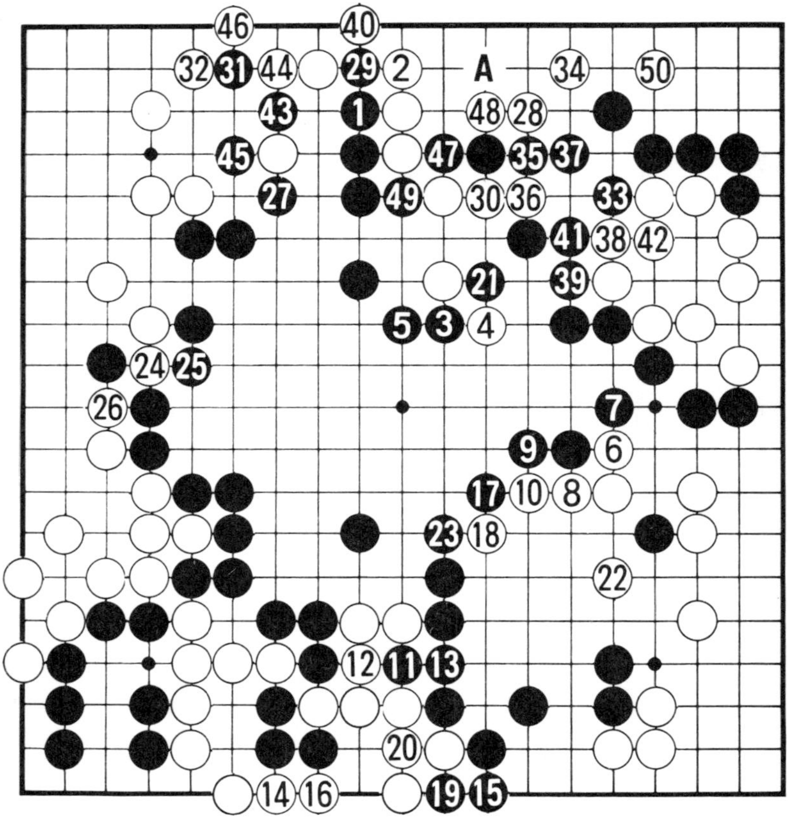

Figur 3: (101–150 = 1–50)

S 103	Nun ist das Moyo geschlossen und es kommt darauf an, wie tief es W an den verschiedenen Stellen noch eindrücken kann. Es beginnt das Endspiel.
W 126	Großer Zug, sichert den Rand für W.
S 147	Nun ist das Fangen der W Steine in der Mitte oder der Gruppe 128, 134 Miai. Doch auch
W 150	ist nicht klein. Im Endspiel kommt es auf jeden Punkt an.

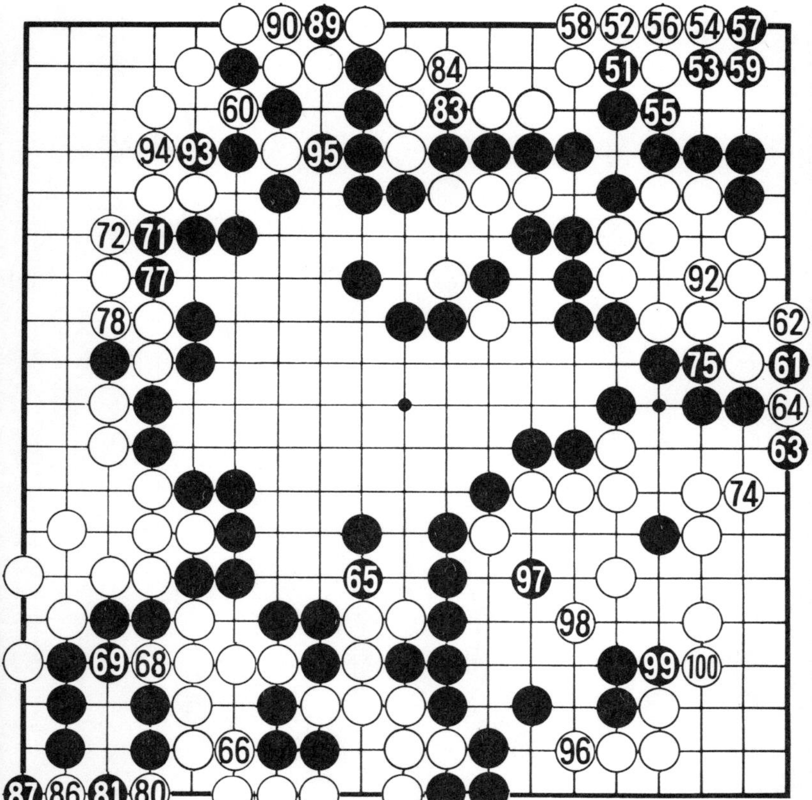

Figur 4: (151–200 = 51–100; 67, 73, 79, 85, 91 auf 61; 70, 76, 82, 88 auf 64)

161, 163 S fängt ein Ko an (siehe S. 86), bei dem er selber nur gewinnen kann, da er mehr Ko-Drohungen hat als W. Es entspannt sich ein fast 70 Züge umfassender Ko-Kampf mit vielen schönen Ko-Drohungen auf beiden Seiten, bis S schließlich mit 227 das Ko deckt. Die abschließenden Endspielzüge quetschen die letzten Punkte aus dem Gebiet des Gegners heraus.

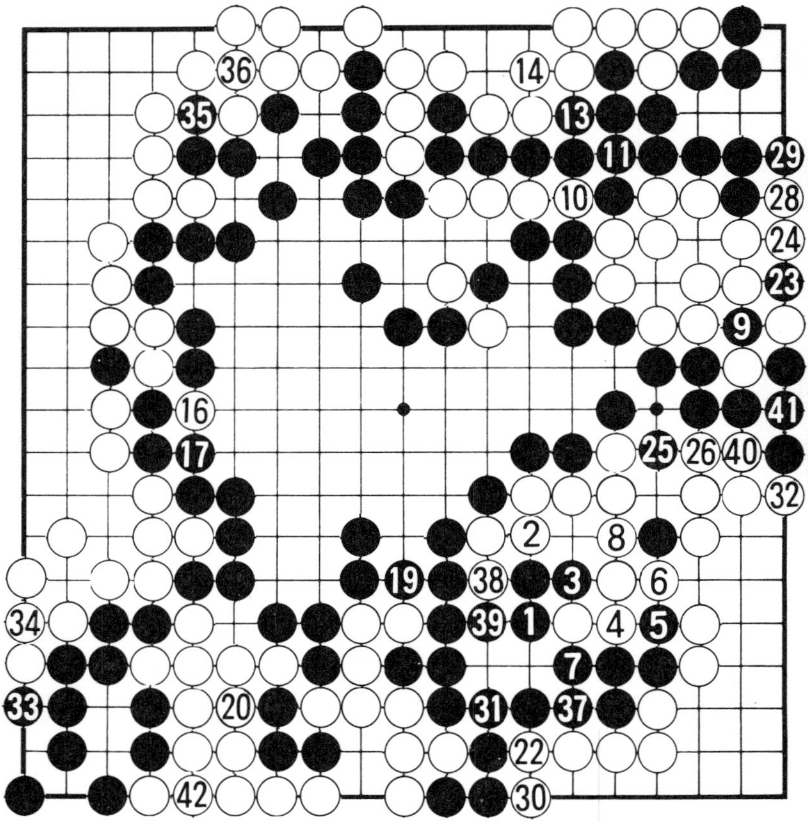

Figur 5: (201–242 = 1–42; 12, 18 auf 76; 15, 21 auf 209; 27 verbindet unterhalb von 23)

Dritte Partie

Datum: *6. 10. 1933–29. 1. 1934*
Weiß: *Shusai Meijin 9-Dan*
Schwarz: *Go Seigen 9-Dan*
Ergebnis: *252 Züge. Weiß gewinnt mit 2 Punkten.*

Nach einem überzeugenden Debüt nun ein kraftvolles Finale. Die folgende Partie gilt als die letzte offizielle Partie des legendären, 1874 geborenen Shusai. Als letztes Oberhaupt des Hauses Honinbo und letzter erblicher Träger des höchsten Titels der Go-Welt überhaupt, des Meijin-Titels, ragte er wie ein Fossil aus dem 19. Jahrhundert in die Moderne hinüber. Die Ehre, in diesem Spiel gegen den Meister antreten zu dürfen, hatte sich in einem harten Vorturnier das junge chinesische Genie Go Seigen erkämpft. Man verabredete eine Bedenkzeit von je 24 Stunden. Mit einigen Unterbrechungen fand die Partie zwischen Oktober 1933 und Januar 1934 statt.

S 5	Wegen dieser sehr selten gespielten Eröffnung ist die Partie als »Sansan-Tengen-Partie« bekannt geworden.
W 10	Eine W Ausdehnung auf den Punkt links von 29 wäre Joseki, doch W möchte das Tempo forcieren.
S 11	Ein wichtiger Punkt für beide, da W hier eine starke Stellung mit zwei Flügeln aufbauen könnte.
12–19	Hier erkennt man bereits die beiden antagonistischen Strategien: W nimmt sicheres Gebiet, während S an einem großen Moyo arbeitet, das er bis 19 mit einer starken Grenzbastion sichert.
W 22	Gutes Timing. W muß jetzt hinein, später würde der Kampf zu schwierig.
23–28	S antwortet sanft. Er gibt W einen schönen Rand, aber stabilisiert im Ausgleich seine Mitte.
S 29	Obendrein verwendet er seine Vorhand, um die Schwäche des unvollständigen Joseki von W (W10) zu prüfen. Die Flucht der W-Steine ist das Thema der nächsten 30 Züge.
W 32	Ein Opferstein, der W schneller macht.
W 40	Elegante und leichte Spielweise. Falls S neben 38 schneiden sollte, würde W auch noch diese Steine hergeben, um seinen Schwung zu behalten.
43, 44	W beantwortet den direkten Angriff auf seine Gruppe nicht, sondern nimmt den für beide Seiten großen Punkt 44. Nicht ungefährlich.
S 45	S versucht, sich durch Berührung mit W zu stärken, was ebenfalls einen indirekten Angriff auf die obere Gruppe bedeutet.

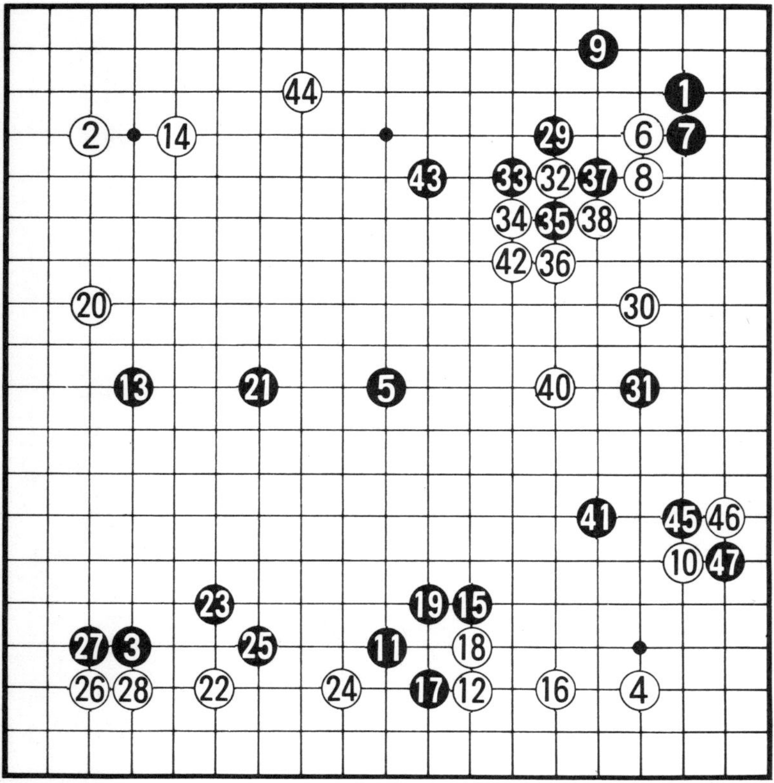

Figur 1: (1–47; 39 auf 32)

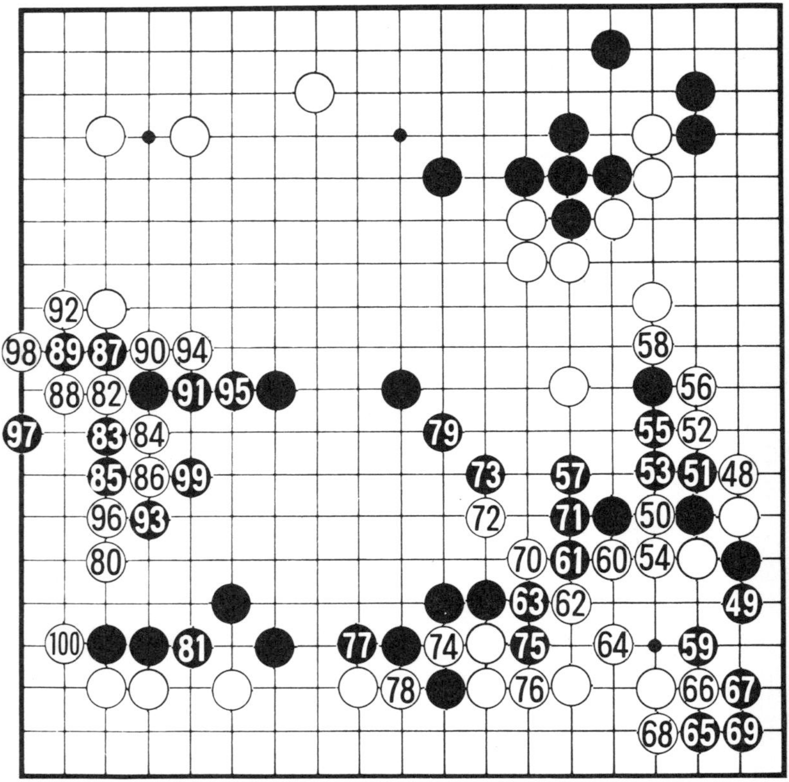

Figur 2: (48–100)

W 48 Sehr aggressiv und professionell. W weigert sich, einfach nachzugeben, seine Ecke zu verteidigen und S zu stärken. Er wählt den Kampf.

S 69 Das Ergebnis ist lokal ausgeglichen: W verliert die Ecke, doch stabilisiert er seine bedrohte Gruppe und nimmt sogar Gebiet am Rand. W44 war also spielbar und W hat leichten Vorteil.

70, 72 Opfersteine, um durch Druck von unten den Rand zu stärken.

80–100 Erneute Invasion von W. S 87 und 89 sind Opfersteine, um das Gebiet zu festigen.

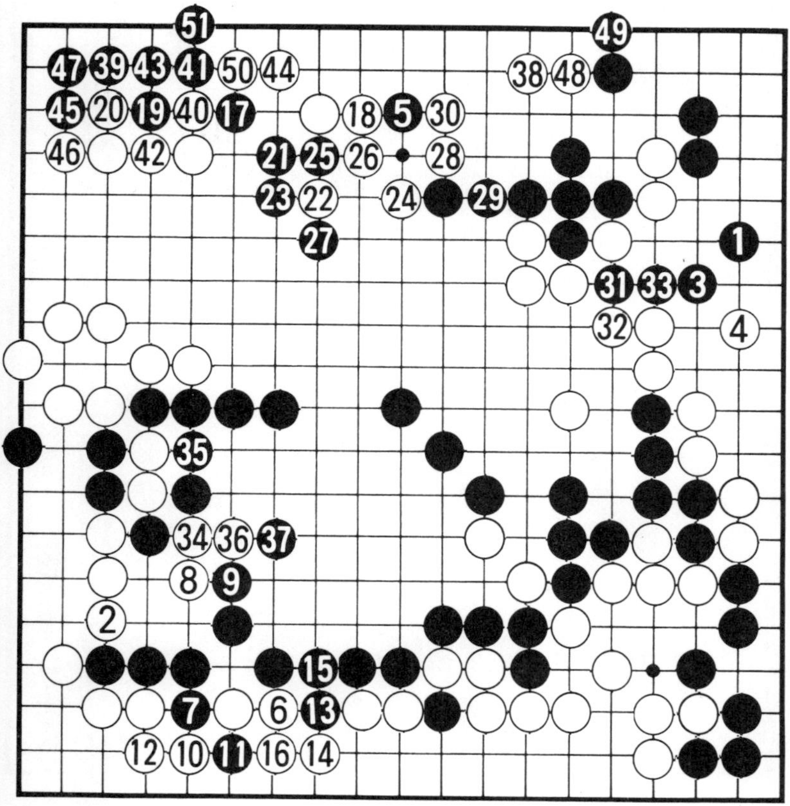

Figur 3: (101–151 = 1–51)

S 101	Das Fangen der W Eindringlinge ist zu diesem Zeitpunkt noch zu klein.
S 105	Der letzte große Punkt. Nun beginnt das Endspiel.
111–116	Der S-Opferstein macht sich bezahlt. Er erlaubt S, mit Vorhand das W-Gebiet einzudrücken.
W 118	W verteidigt die Ecke nicht, sondern wählt den Kampf.
119–130	Was S in der Ecke zerstört, holt sich W am Rand zurück.
S 131	Sehr große Vorhand, doch W entschädigt sich mit 134 und 138.

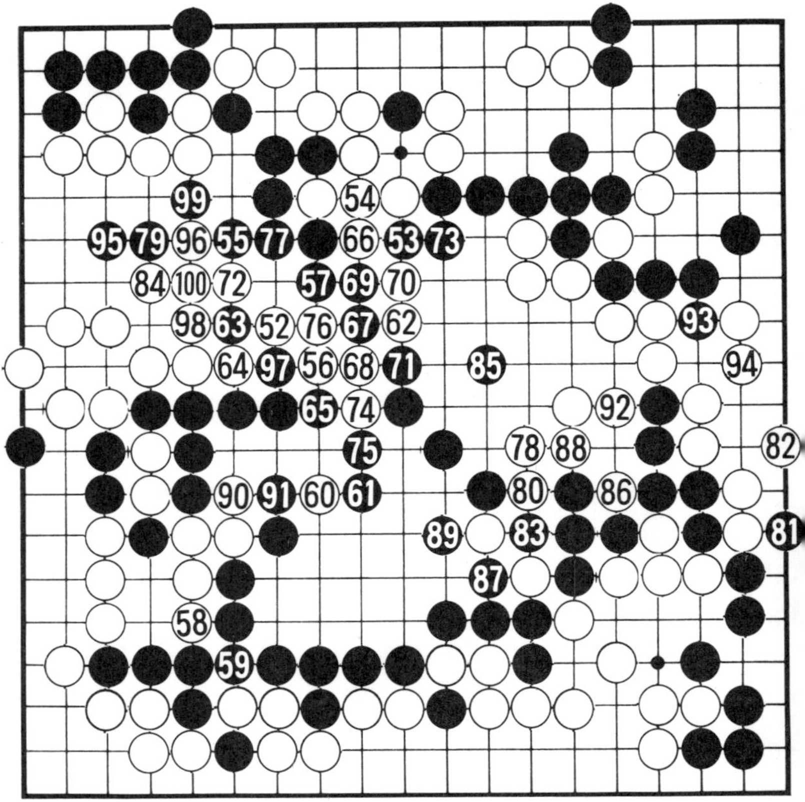

Figur 4: (152–200 = 52–100)

W 160 Tesuji. Nun steht das S Gebiet auf dem Spiel, denn W droht in eine der beiden Richtungen zu verbinden. S hat wohl S 157 falsch eingeschätzt.

S161 Für seine Antwort brauchte Go Seigen auch eine Stunde und 25 Minuten Bedenkzeit.

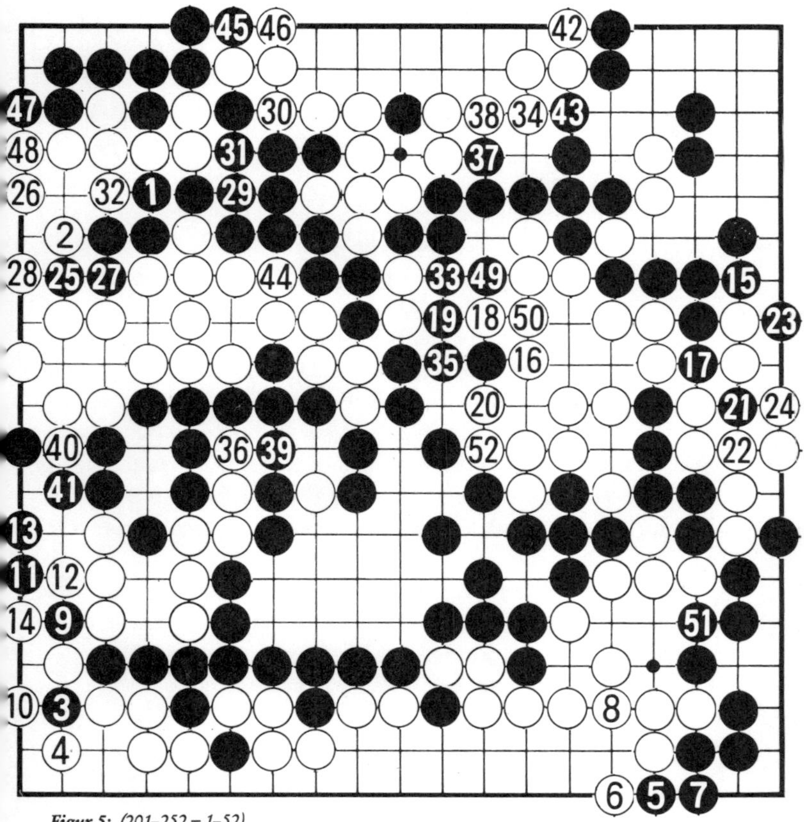

Figur 5: (201–252 = 1–52)

Der Rest ist ein normales Endspiel. Das heißt nicht, daß jetzt die Partie bereits entschieden wäre. Beide Seiten versuchen, nach der Devise »Kleinvieh macht auch Mist« an so vielen Stellen wie möglich kleinere Punktgewinne zu stattlichen Summen zusammenzuklauben. Bedenkt man, daß die Partie von Weiß mit nur zwei Punkten Unterschied gewonnen wurde, so versteht man, daß hier auch der kleinster Patzer spielentscheidend werden konnte.

Vierte Partie

Datum: *7. 9. 1963*
Weiß: *Sakata Eio 9-Dan*
Schwarz: *Fujisawa Shuko 9-Dan*
Ergebnis: *178 Züge. Weiß gewinnt durch Aufgabe.*

Auch heute noch stellt der Gewinn des Meijin-Titels einen der ganz großen Triumphe im Leben eines Go-Spielers dar, selbst wenn damit nicht mehr, wie noch im Shogunat, zugleich die Ernennung zum kaiserlichen Minister in Go-Angelegenheiten verbunden ist.

Die folgende Partie zwischen Fujisawa Shuko und Sakata Eio entstand bei den Titelkämpfen des Jahres 1963. Bei einem Spielstand von 3:3 mußte sie als letzte Partie die Entscheidung bringen.

Der 38jährige Shuko hatte in den Jahren zuvor die Go-Szene dank seiner großartigen Eröffnungen und seiner dicken, sehr kampfstarken Spielweise beherrscht. Seine brillanten Spieleinfälle waren auch für ihn selbst nicht immer ganz ungefährlich, da sie sich zuweilen als echte Flops erwiesen.

Sein fünf Jahre älterer Herausforderer Sakata stand in der Blüte seines Talents. Allgemein nannte man ihn nur »das Rasiermesser«, da er es verstand, selbst die kleinsten Schwächen in der Position seines Gegners mit schneidender Konsequenz auszunutzen.

S 5 Eine solide Eröffnung.

7–13 Ein bekanntes Joseki, bei dem W in der Ecke Profit nimmt, während S sich auf der Seite fest etabliert.

W 14 Die ideale Kombination von eigener Ausdehnung und Klemmzug gegen die S Stellung.

S 15 Idealer Punkt. S reagiert nicht auf W4, sondern erweitert seine Anlage am rechten Rand. Die Stellung links ist ohnehin nicht dazu da, Gebiet zu machen, sondern um im W Einflußbereich zu kämpfen.

W 18 Letzter Zug des Fuseki. Die Eröffnung wurde von beiden sehr ruhig gespielt.

19–25 Die geforderte Invasion in die W Zwei-Flügel-Stellung. S 19 ist ein Opferstein, S 25 gibt zu erkennen, daß S dort möglichst schnell leben will.

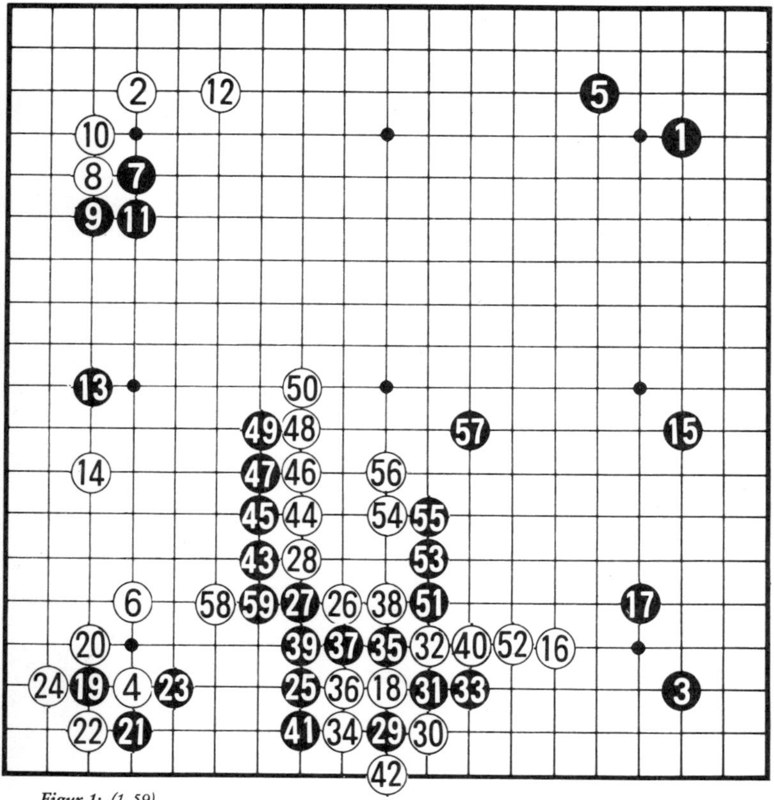

Figur 1: (1–59)

26–41 Die Kombination der Tesujis 27, 29 und 31 wird dank der Aggressivität von W 26 zu einem Erfolg für S, doch wählt er die falsche Fortsetzung: Mit S 41 wäre er besser links von 28 in die Mitte gelaufen, statt, wie man gleich sehen wird, das Aji seiner drei Partisanensteine 29, 31 und 33 zu vernichten.

43–57 Ein Kopf-an-Kopf-Rennen ins offene Gelände. Nach S 59 steht W vielleicht etwas besser da, da er mit seiner Gruppe in der Mitte weniger Probleme hat.

W 60	Ein Testzug, auf den S mit
S 61	vorsichtiger reagiert, als W auf S 19.
W 62, 64	Hindert die S-Zentralgruppe an einer raschen Verbindung zum Rand und hält sie so unter Druck.
W 70	Zu scharf. Es ist hier nicht die Aufgabe des leicht führenden W, das Spiel kompliziert zu machen.
W 80	Bindet die beiden Steine nicht an, weil seine Gruppe zu schwer, d. h. angreifbar würde. Bemüht sich stattdessen um gute Form.
S 81	S trennt ab und hat nun kräftig aufgeholt. Die Bastion des Ponnuki (S 69, 71, 73, 75) strahlt über das ganze Brett.
W 82	Vielleicht ist das der Grund, warum W diesen scharfen Angriff wählt.
W 86	Hätte S mit 41 nicht sein Aji zerstört, so könnte er jetzt verbinden.
S 97	Gute Technik. Verhindert, daß W durch Druck auf diese Steine seine Randstellung zur Mitte hin ausbauen kann.
S 105	Mit Hilfe dieses Opfersteins kann S seine Gruppe an den Rand heranführen.
W 116	Miai. W kann in beide Richtungen verbinden und S muß um das Leben seiner Gruppe kämpfen.
W 120	Gute Technik. W macht die Mitte dick und arbeitet an der Verbindung seiner Gruppen.

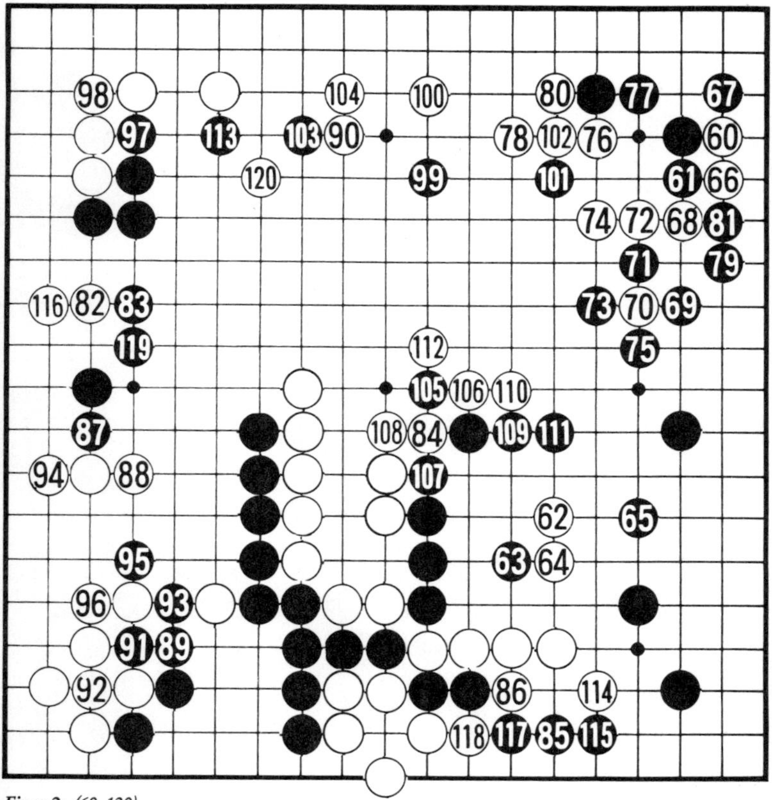

Figur 2: (60–120)

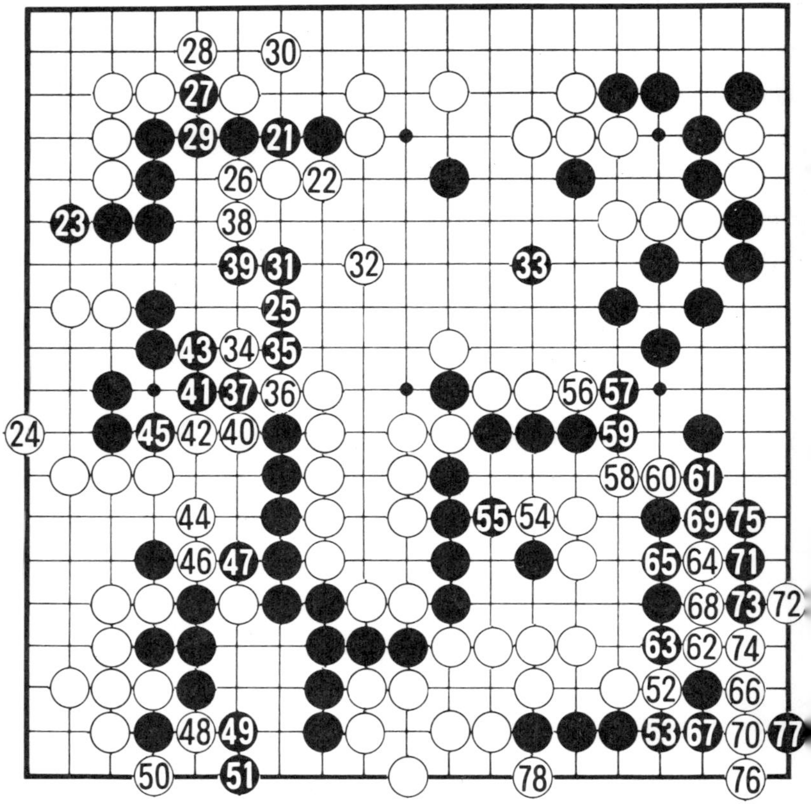

Figur 3: (121–178 = 21–78)

W 124 Verbindet. Freilich geht es hier im Wesentlichen *nicht* um die Zerstörung eines kleinen S *Gebiets*, sondern um die Aufrechterhaltung des Drucks auf die basislosen S-Steine.

S 133 Muß sein, sonst könnte W hier seinen Anriff auf die S-Gruppe links oben mit einem kleinen Gebiet belohnen.

W 134 Ein Danaergeschenk. S kann diesen Angriff auf seine lebenswichtige Augenform nicht zulassen. Dafür allerdings gelingt es W, ihn zu trennen und sichere Punkte zu machen.

S 151 Diese Nachhand muß sein, um das Leben der S-Gruppe zu sichern.

W 152–178 Ein brillianter Angriff von »Rasiermesser«-Sakata. Mit 152 drückt W zunächst auf die S-Stellung, S hat keine andere Wahl als 153. Sodann raubt W 154 den S-Zentrumssteinen jegliche Augenform, so daß sie sich unbedingt mit dem Rand verbinden müssen. Nach der Vorbereitung W 156 nutzt W diese Zwangslage mit 158, 160 und 162 aus zum Generalangriff auf die S-Ecke. S 177 ist ein letzter Versuch, die Eindringlinge zu fangen, doch nach W 178 haben die sechs S-Steine zu wenige Freiheiten. W könnte nämlich die sich eventuell von innen her nähernden Steine 177 etc. mehrmals herausfangen, bevor sie sich endgültig nähern könnten.

Nun ist das schwarze Flaggschiff gesunken. Shuko sah keine Chance mehr und gab die Partie auf. Es widerspricht im allgemeinen dem Ehrenkodex der Go-Spieler, eine solche Partie um jeden Preis weiterzuführen. Für den unterlegenen Spieler wäre dieser Versuch nur peinlich, und er würde dem anderen damit indirekt unterstellen, daß der vielleicht doch noch einmal so ungeschickt wäre und einen entscheidenden Fehler beginge. Die Aufgabe einer verlorenen Partie zum rechten Zeitpunkt ist ein Gebot der Höflichkeit.

Mit dem Gewinn dieses Meijin-Titels holte sich Sakata im Jahre 1963 sechs der sieben höchsten Go-Titel, ein nie zuvor erreichtes Ergebnis!

Fünfte Partie

Datum: *21./22. 6. 1971*
Weiß: *Ishida Yoshio 8-Dan*
Schwarz: *Rin Kaiho Honinbo 9-Dan*
Ergebnis: *241 Züge. Weiß gewinnt (bei 4½ Komi) mit einem halben Punkt!*

Die letzte Partie dieser kleinen Sammlung bietet Go in Vollendung. Sie entstand bei dem Honinbo-Turnier des Jahres 1971 und markiert den endgültigen Aufstieg des damals 23jährigen Ishida in die Gruppe der absoluten Spitzenspieler. Bei einer Führung von 3:2 konnte der junge Herausforderer mit einem beruhigenden psychologischen Vorteil ins Spiel gehen.

Der in Shanghai geborene, sechs Jahre ältere Titelverteidiger Rin Kaiho kämpfte immerhin darum, den Titel nun schon zum vierten Mal hintereinander zu gewinnen, doch hatte ihn Ishida, der »Computer«, wie er wegen seiner enormen Endspielstärke genannt wird, in der Vergangenheit bereits mehrmals besiegen können.

Der Verlauf dieser Partie ist äußerst spannend. Obwohl beide eher als Gebietsspieler gelten, entwickelt sich aus dem mit Zug 5 beginnenden Joseki ein gewaltiger Kampf, der sich nach und nach auf alle Teile des Bretts ausweitet. Die Schönheit der Partie entfaltet sich im perfekten Wechsel von Angriff, Verteidigung und Gegenangriff, von Vorhand und Nachhand, von Attacke und Gebietnahme. Harmonie und Kampf bilden keinen Widerspruch, sondern zwei Aspekte einer einzigen Bewegung. Die nicht zu unterbietende Differenz von letztlich einem halben Punkt spricht für sich.

5–31 Dieses heutzutage recht häufig gespielte Joseki ist ziemlich kompliziert, denn es bietet zahlreiche Varianten. Zug 10 gibt W festes Gebiet, während S mit deutlichem Außeneinfluß spielt. In der Fortsetzung fängt W die drei S-Steine in der Ecke und hat gute Fortsetzungen am oberen Rand. S hat sich links etwas stabilisiert, und seine drei Steine bergen noch Einiges an Aji. Das Schicksal der beiden schwachen Gruppen in der Mitte wird das Hauptthema dieser Partie sein.

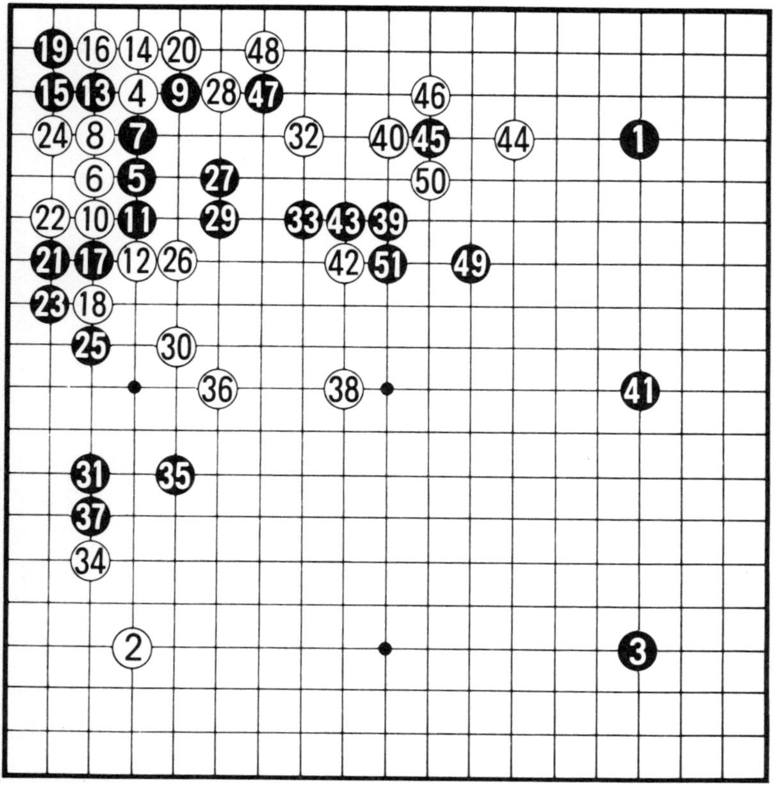

Figur 1: (1–51)

W 34–38 Mit Hilfe des Drucks auf die S-Randgruppe katapultiert sich W ins Zentrum und greift so indirekt die S Gruppe darüber an.

S 39–41 S läuft mit. W jagt ihn weiter mit W 40 und macht dabei Gebiet. S 41 macht sich an den Aufbau eines großen Moyo am rechten Rand.

W 42 Droht einen Schnitt und gibt S gestreckte Form.

W 44 Erweitert das obere Gebiet.

45–51 Mit den Opfersteinen 45 und 47 schafft S etwas Aji am oberen Rand, dann stabilisiert er sich vorläufig in der Mitte.

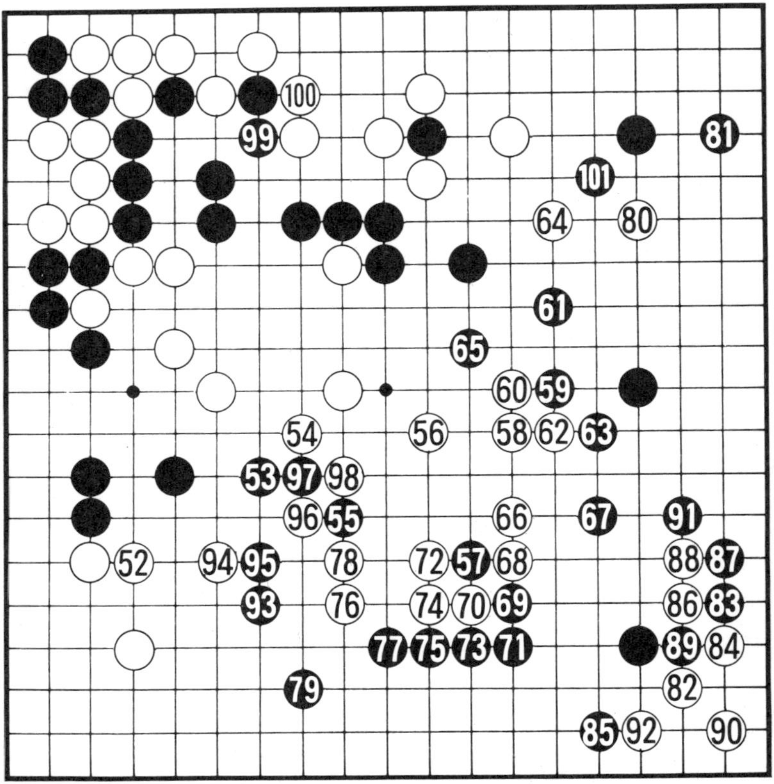

Figur 2: (52–101)

W 52	W hält seine Steine in der Mitte für sicher genug, um diesen großen und aggressiven Punkt zu nehmen.
S 53–61	Nun ist S an der Reihe, die W-Steine gegen seine inzwischen stabilisierte obere Gruppe zu treiben. Zum Schluß holt er sich rechts das Gebiet, das W zuvor am oberen Rand gewonnen hatte.
S 71	S ist nicht darauf fixiert, die W-Steine unbedingt zu fangen, sondern er möchte die Jagd auf diese Gruppe in Gebiet verwandeln.
S 79	Nachhand, aber großes Gebiet.
W 80, 82	Zum Ausgleich dringt W zweimal tief in das S-Moyo ein. Ein Angriff dieser Art auf 3/3 erlaubt stets ein kleines Leben in der Ecke.
W 86, 88	Werden zwar gefangen, doch haben sie noch einiges Aji.
S 93	Bedroht erneut die W-Zentralgruppe und behält Vorhand.
S 99	Zwangszug (kikashi).
S 101	Droht einen Schnitt durch die W-Gruppe.

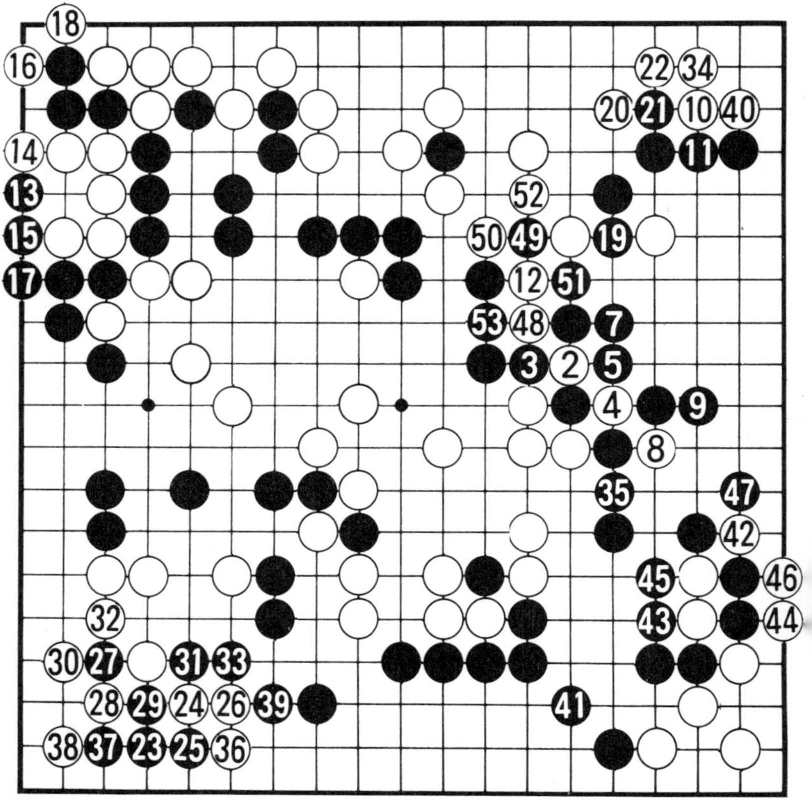

Figur 3: (102–153 = 2–53; 6 auf 102)

W 106	Verbindet.
W 112	W kann nicht verhindern, daß S rechts ein großes Gebiet absteckt, aber er droht, die Gruppe in der Mitte hiervon abzutrennen.
113–118	Eine Vorhandsequenz, die die W-Ecke beträchtlich verkleinert. W muß antworten, sonst nimmt S die Ecke und die S-Mittelgruppe wäre endgültig sicher.
W 120	Der größte Endspielpunkt.
S 123	Der nächstgrößte.
123–133	W opfert zwei Steine, dadurch rettet er einen guten Teil seiner Ecke und nimmt den wichtigen Punkt 134.
142–144	So quetscht man im Endspiel das Letzte aus einer Stellung heraus!

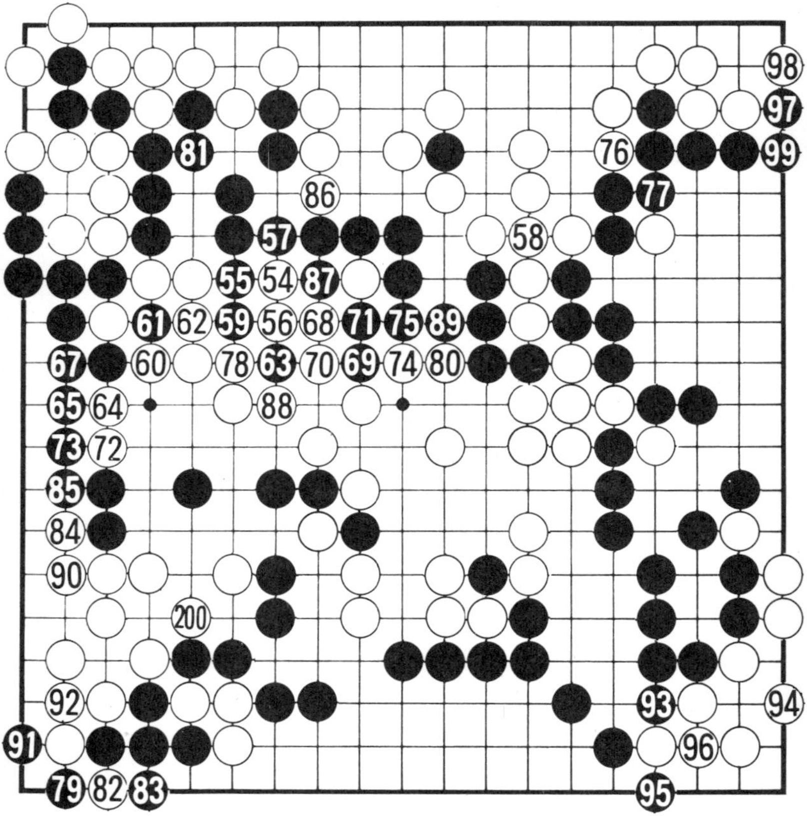

Figur 4: (154–200 = 54–100; 66 schlägt 61)

W 158 Schneidet S endgültig ab. Nun müssen beide wie zwei hungrige Tiger in einem Käfig im Zentrum ihr Überleben und zugleich wichtige Endspielpunkte sichern. Ein äußerst komplizierter Kampf beginnt.

W 166 Nimmt Ko auf 18.

S 179 Es gelingt Ishida, die Auseinandersetzung mit Vorhand zu verlassen und diesen schönen Endspielpunkt zu nehmen. Professionelle Beobachter waren der Ansicht, daß er in der bis dahin völlig ausgeglichenen Partie nun einen leichten Vorteil erlangt hatte.

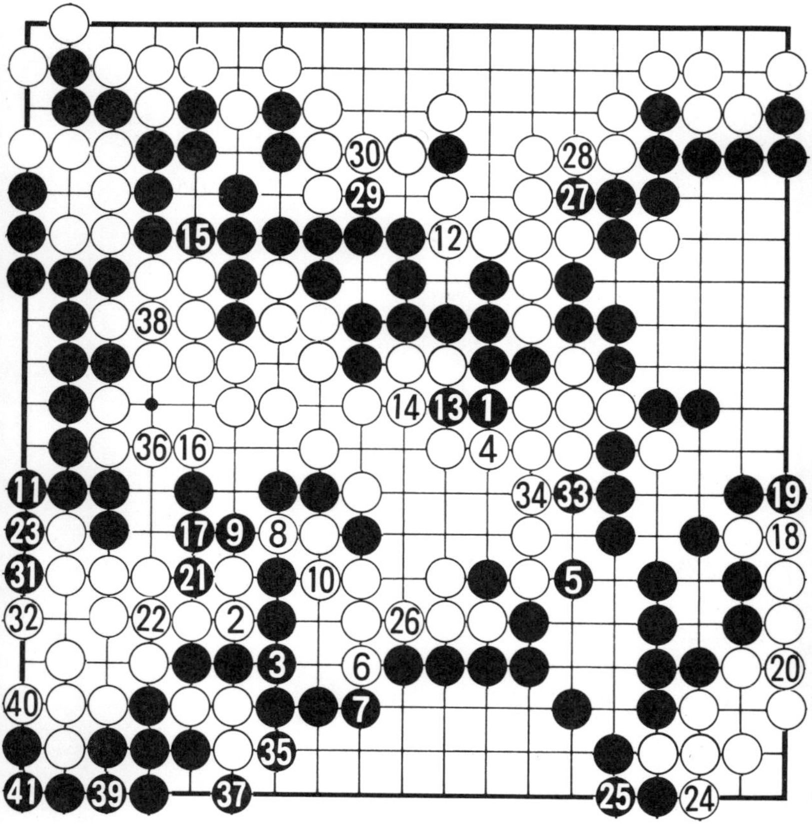

Figur 5: (201–241 = 1–41)

182, 184, 186 Vorhände für W.
191, 193, 195 Vorhände für S.

Kleines Lexikon japanischer Fachausdrücke

Aji	Potential, Möglichkeiten.
Aji keshi	Möglichkeiten unnötigerweise zerstören.
Atari	Zustand, in dem ein Stein oder eine Gruppe im nächsten Zug geschlagen werden könnte.
Fuseki	Die Spieleröffnung.
Gote	Nachhand, Verlust der Initiative.
Joseki	Lokal ausgeglichenes Eckabspiel.
Kikashi	Ein zwingender Zug, der (oft nur) eine Antwort verlangt.
Ko	Die Situation eines endlos möglichen Wechsels von Schlagen und Zurückschlagen auf einem bestimmten Punkt.
Komi	Punkte, die der S dem W gibt, um den Anzugsvorteil auszugleichen. Im Allgemeinen gibt S 5 oder 5½ Punkte *Komi*.
Miai	Eine Situation, in der ein Zug zwei gleichwertige Fortsetzungen hat. Besetzt der Gegner den einen Punkt, so nimmt man selbst den anderen.

Moyo Gebietsanlage, aber noch kein sicheres Gebiet.

Sansan Der Brettpunkt 3/3.

Sente Vorhand, Möglichkeit zur Initiative.

Tengen Wörtl.: Mitte des Himmels; die Mitte des Go-Bretts.

Tenuki Einen gegnerischen Zug nicht beantworten, sondern anderswo weiterspielen.

Tesuji Lokal besonders geschickter Kampfzug.

Weiterführende Literatur

Wer sich mit den Grundzügen der Technik des Go-Spiels vertraut machen möchte, dem sei eines der beiden folgenden Bücher empfohlen.

Hideo Otake: Go. Econ Taschenbuch 20103 (1985)
Winfried Dörholt: Das japanische Brettspiel Go.
Falken+ASS-Verlag (1978)

Ferner bieten die speziell für Anfänger und Fortgeschrittene geschriebenen Artikel in der »Deutschen Go-Zeitung«, der Mitgliederzeitschrift des Deutschen Go-Bunds, gut verständliches und praxisorientiertes Lehrmaterial.

Weitere Informationen erteilen gern die einzelnen Landesverbände oder die Kontaktpersonen der lokalen Spielertreffs.

Anschriften der Landesverbände:

GO-Verband Berlin e. V., Berlin
c/o Manfred Venz, Ilsenburgerstr. 35,
1000 Berlin 10

Landesverband Schleswig-Holstein
c/o Thomas Naumann, Blücherstraße 13,
2300 Kiel, (04 31) 55 18 42

GO-Landesverband Hamburg
c/o Stefan Budig, Brennerstr. 80,
2000 Hamburg 1, (0 40) 2 80 30 57

GO-Landesverband Bremen e. V.
c/o Dieter Pfennig, Kopenhagener Str. 89,
2820 Bremen 77, (04 21) 63 27 16

Niedersächsischer GO-Landesverband
c/o Winfried Dörholt, Wittenberger Str. 45,
3000 Hannover 1, (05 11) 60 39 70 oder (05 11) 6 41 22 01 (G)

GO-Verband NRW e. V., Düsseldorf
c/o Martin Stiassny, Krohnskamp 23,
2000 Hamburg 60, (0 40) 2 79 30 37 (pr) oder (0 40) 3 01 15 85 (G)
Sekretär: Horst Timm, Ginsterweg 37,
4620 Castrop-Rauxel (0 23 05) 2 46 19

Hessischer GO-Landesverband e. V., Frankfurt/Main
c/o Alexander Urbainsky, Schifferstr. 83,
6000 Frankfurt/Main 70, (0 69) 61 66 30

GO-Landesverband für Rheinland-Pfalz e. V. Kaiserslautern
c/o Dr. Thomas Pfaff, Davenportplatz 20,
6750 Kaierslautern, (06 31) 2 05 21 63 (G) oder (06 31) 1 36 98 (pr)

Go-Verband Bad.-Württ. e. V., Stuttgart
c/o Rüdiger Pröll, Knappenweg 53 b,
7000 Stuttgart 80, (07 11) 68 37 60 (pr) oder (0 70 31) 17 65 89 (G)

Bayerischer GO-Verein e. V., München
c/o Karl-Friedrich Lenz, Kirchmairstr. 46,
8000 München 21, (0 89) 5 80 30 78

Termine der Spielabende in Deutschland

1000 Berlin 19 Mo. 19.30–22
Rathaus Charlottenburg, Ratskeller,
Otto-Suhr-Alle
K: Thomas Redecker, 0 30-3 45 22 11

1000 Berlin 30 Mi. 19–24
Restaurant »Tai-Tung«, Budapester Str. 50
K: Joachim Günther, 0 -3 93 27 42

1000 Berlin 65 Mi. ab 17.30
Malpalquetstr. 5
K: Klaus Schramm, 0 30-7 84 17 48

1000 Berlin Fr. 20.30–2
»Kneipe im Souterrain«, Fuggerstr.
K: Sergio Parimbelli, 0 30-3 13 60 93

2000 Hamburg Mo. ab 19.30
CVJM-Haus, An der Alster, 0 40-24 13 91
K: Stefan Budig, 0 40-2 80 30 57

2000 Hamburg (Altona) täglich ab 19
Schachcafé, Holländische Reihe

2000 Hamburg 73 (Rahlstedt) Di. ab 18.30
Bürgerhaus Meiendorf, Saseler Str. 21
K: Thomas Nohr, 0 40-6 47 86 69

2300 Kiel Mo. ab 19.30
Haus der Heimat, Wilhelminenstr.
K: Jan Rüten-Budde, 04 31-6 46 51

2400 Lübeck-Bad Schwartau Fr. ab 18.30
Alte Zwölf Schulstr. 12
K: Markus Pinkpank, 04 51-28 25 92

2800 Bremen Di. 18–22, Fr. 19–22
Bürgerhaus
»Weserterrassen«, Osterdeich 70 b
K: Hans-Jürgen Helmken, 04 21-70 29 80
K: Jochen Faßbender, 04 21-47 74 34

2820 Bremen-Nord Fr. 18–22
Bürgerhaus Vegesack, Am Sedanplatz
K: Dieter Pfennig, 04 21-62 37 16

2900 Oldenburg Mo. 17–22
Kulturzentrum »Brücke der Nationen«
Gartenstr. 5/6
K: Jürgen Schumacher-Grohn,
04 41-77 65 46

2900 Oldenburg Do. ab 17
Uni-Kneipe »Bierschwemme«
Uhlhornsweg

3000 Hannover Mo. ab 19.30
Bundesbahndirektion Joachimstr. 8
K: H. Buttstadt, 05 11-83 6179

3000 Hannover Do. ab 19
»Reste fidele« Callinstr. 4
K: Burghard Probst, 05 11-45 39 94

3300 Braunschweig Mo. 19.30–23
Freizeit- und Bildungszentrum
im Burgerpark Nimesstr.
K: Helmut Witten, 05 31-79 55 50

3300 Braunschweig Do. 19.30–23
Inst. f. Nachrichtentechnik Hörsaal M 5
Schleinitzstr. 29
K: Stefan Hoops, 05 31-3772 28

3400 Göttingen Mi. ab 20
Galerie Apex, Burgstr. 46
K: Gerhard Mex, 05 51-70 50 56

3500 Kassel Di. ab 20
Gaststätte Lukas, Friedrich-Ebert-Str.
K. H. D. Tylle, 05 61-81 31 60
K: Klaus Weinert, 05 61-49 48 08

3550 Marburg Mi. 17–20
KHG, Roncallihaus (im Semester),
Johannes-Müller-Str.
K: Thomas Moll, Zum neuen Hieb 20

4000 Düsseldorf Di. 15–19
Universität, ESG-Teestube
K: Gino Lametta, 02 11-32 44 36

4000 Düsseldorf Mi. 18–23
»Tolis«, Bagelstr. 95 (Ecke Derendorfer Str.), 02 11-36 48 80
K: Gregor Mertz, 02 11-5 31 23

4100 Duisburg Fr. 16–20
Heinrich-Heine-Gymnasium, Rheinhausen, Flutweg 56
K: Rainer Bellmann, 0 21 35-8 14 90

4300 Essen Fr. ab 18.45
VHS, Hollestr. 2, Raum 217
K: Christoph v. Gersdorff, 02 01-27 61 39
K: Ralf J. Hohenschutz, 02 01-73 84 34

4300 Essen Mi. 20–1
»Jedermann», Viehofer Platz

4350 Recklinghausen So. 17–20
Pfarrhaus, Brucknerstr. 2 (Nähe Kirche)
K: Roland Stewen, 0 23 61-2 40 89

4350 Recklinghausen Mi. ab 19
Jugendkeller der ev. Gemeinde, Limperstr. 17
K: Marcus Böckmann, 0 23 61-2 32 71

4400 Münster Mo. ab 19 (14tägig)
Universität, Rechenzentrum, Einsteinstr. 60
K: Bernfried Neukäfer, 02 51-86 45 17

4500 Osnabrück Mi. ab 18
Gaststätte »Inka«, Ecke Adolf-/Martinistr.
K: Michael Stolte, 05 41-8 90 78
K: Helmut Gorenflo, 0 54 05-15 91

4600 Dortmund Mo. ab 20
Gaststätte »Kuckuck«, Langestr. 117. 02 31-14 33 03
K: Mathias Helms, 02 31-57 41 31
K: Rüdiger Ostermann, 02 31-48 37 80

4620 Castrop Rauxel Fr. ab 19
Jugendheim »Schwerin« Frohlinderstr. 78 0 23 05-2 47 80
K: Horst Timm, 0 23 05-2 46 19
K: Hans-Werner Bressan, 0 23 05-8 55 96

4630 Bochum Di. ab 19
Hotel »Zur Ritterburg« Castroper Str. 177
K: Horst-Alfred Sudhoff, 02 34-43 00 08
K: Rolf Hempfling, 02 34-43 49 67

4690 Herne Do ab 19.30 Cafe-Restaurant »Petersburs« Wiescherstr. 114
K: Christa Hasler, 0 23 23-45 97 55
K: Wolfgang Niggemann, 0 23 23-4 36 15

4708 Kamen Sa. ab 15
Ev. Gemeindehaus, Am Schwesterngang 4
K: Helmut Illner, 0 23 07-1 51 48
K: Olaf Maidorn, 0 23 07-1 54 98

4780 Lippstadt Mo. 16–19
Ostendorff-Gymnasium Cappeltor 5
K: Friedrich Kleißendorf, 0 29 41-44 91
K: Franz J. Dickhut, 0 29 48-18 29

4790 Paderborn Do. ab 20.30
»Kasselertor-Schänke« Kasseler Str. 41
K: Erhard Hilbig, 0 52 51-7 42 66
K: Ludger Voßkamp, 0 52 51-21 60

4800 Bielefeld Mi. ab 19
Universität, Gebäude T2, Zimmer 121
K: Dietmar Schäffer, 05 21-88 57 51
K: Meinolf Koshors, 05 21-45 17 51

4920 Lemgo Mo. ab 20
»Zündkerze«, Herforder Str. 2
K: Peter Hagemann, 0 52 31-3 16 29

5000 Köln Di. + Fr. 18–24
»Bi-Pi's Bistro«, Rolandstr. 61, 02 21-38 30 46
K: Klaus Fittges, 02 21-3 60 27 41
K: David Schoffel, 02 21-43 18 01

5060 Bergisch-Gladbach Fr. ab 18
Privater Spielerkreis bei: Otmar Brückner, Im Reiferbusch 9, 5060 Bergisch-Gladbach 2, 0 22 02-3 51 21

5100 Aachen Di. ab 20
Cafe »Kittel«, Pontstr.
K: Torsten Horn, 02 41-6 59 29

5100 Aachen Do. 20.30
Billardclub, Schützenstr.
K: Hans-Georg Aupperle, 02 41-8 43 99

5300 Bonn Do. ab 19
»Zur Krone«, Siegfried-Leopold-Str. 3, Bonn-Beuel, 02 28-46 75 81
K: Karl-Ludwig Paap, 0 22 41-33 00 46

5300 Bonn Di. 19–21.30
Anfänger-Spielabend
Mensa Nassestr. Cafeteria, hinterer Raum

5300 Bonn Mo. ab 19
Privater Spielerkreis bei:
Lothar Teikemeier, Schumannstr. 82, 5300 Bonn 1, 02 28-2 19 62

5500 Trier
K: Peter Fischer, 06 51-6 63 54

5600 Wuppertal Di. ab 19
Gesamthochschule, Asta-Kneipe,
Gausstr. 20
K: Dr. Erich Ossa, 02 02-50 67 13
K: Eberhard Maurer, 02 02-72 07 91

5900 Siegen Mi. ab 18
»Hennche«, Eiserfeld, Eiserntalstr. 71
K: Herbert Bock, 0 27 34-15 13
K: Dr. Ulrich Malchau, 02 71-38 10 80

6000 Frankfurt/Main Di. ab 19
Affentorhaus, Affentorplatz 2
K: Kurt Dueball, 0 69-5 97 88 35
K: Alexaner Urbainsky, 0 69-61 66 30

6072 Dreieich (Sprendlingen) Mo. ab 18
Bürgerhaus Fichtestr.
K: Georg Nassiokas

6100 Darmstadt Mo. ab 18
Post-Cafe, Hermannstr.
K: Dr. Detlef Siegmund, 0 61 51-2 14 89

6100 Darmstadt täglich außer Do.
Cafe Bellevue, Backhausstr.

6500 Mainz Di. ab 20. manchmal Do.
Newmanhaus
K: Martin Dieterich 0 61 31-4771 29

5670 St. Ingbert Do. ab 18
bei Anton Haselmeier obere Kaiserstr. 62,
0 68 94-5 17 69

6750 Kaiserslautern Di. ab 19
Universität, Bau 48, Raum 562.
Erwin-Schrödinger-Str.
K: Dr. Thomas Pfaff, 06 31-2 05 21 63

6900 Heidelberg Mi. ab 20
Gasthaus »Zieglerbräu«, Bergheimer Str.
K: Jürgen Bierbrauer, 0 62 03-26 61

7000 Stuttgart Mi. ab 18.30
»Schwarzwaldheim«, Fritz-Elsas-Str. 20
K: Rüdiger Pröll, 07 11-68 37 60 (pr)
070 31-17 65 89 (G)

7140 Ludwigsburg
K: Roland Baumann, 0 71 41-7 54 89

7320 Göppingen Di. ab 18
Haus der Jugend, Dürerstr.
K: Franz Giljum 0 71 61-7 34 35

7400 Tübingen Mi. ab 19
Erasmus-Haus, Belthestr. 42 (im Semester),
Kath. Gemeindezentrum, Bachgasse
(Ferien)
K: Friedrich Lenz, 0 70 71-6 46 21

7440 Nürtingen So. 14–18
Jugendhaus am Bahnhof,
K: Bernd Kolbinger, 0 70 22-4 88 25

7500 Karlsruhe Di. ab 18
»Tivoli«, Rüppurer Str.
K: Rainer Schnöring, 07 21-4 30 09

7530 Pforzheim Di. ab 20
»Goldener Anker«, Felsenstr. 2
K: Gustav Bott, 0 72 31-2 52 14

7900 Ulm Do. ab 20
Café Jehle, Zinglerstraße 1
K: Gerhard Schmidt, 0 73 05-2 17 99

7743 Furtwangen Di. ab 20
privat bei Walter Wolff, Am Hofrain 18
7743 Furtwangen, 0 77 23-22 49

Konstanz Mi. ab 19.30
Universität, Raum K 503
K: Michael Konarkowski, 0 75 31-6 23 38

7800 Freiburg Fr. ab 19
Akad. Auslandsamt, Erbprinzenstr. 12
K: Gerhard Birk, 07 61-3 40 90

7900 Ulm Mi. ab 18
Uni, Hörsaal h 9, Oberer Eselsberg
K: Oliver Nebelung, 07 31-6 36 75

7900 Ulm Di. ab 20
ESG, Sterngasse 14

8000 München Di. + Fr. ab 18
Olympia-Dorf, Helene-Mayer-Ring 31/1
K: Karl-Friedrich Lenz, 0 89-5 80 37 08
K: Karl-Ernst Paech, 0 89-8 54 50 63

8400 Regensburg Mi. ab 19
»Glerie unter den Arkaden«, Hardplatz 2
K: Ulrich Gehrmann, 09 41-5 51 15

8520 Erlangen Mo. ab 20
Kath. Hochschulgemeinde, Sieboldstr. 3
K: Dr. Bernhard Gaißmaier,
0 91 31-5 26 93

8520 Erlangen Mi. ab 18
Sportzentrum Erlangen der Uni-Erlangen-Nürnberg, Gebbertstr. 123 b.
Seminarraum II (nur im Semester)

8580 Bayreuth Do. ab 19.30
Kath. Hochschulgemeinde,
Alexanderstr. 14
K: Dr. K. Bayerlein, 09 21-6 65 51

8700 Würzburg Mo. ab 19.30
Gaststätte Druke, Karmelitenstr.
K: Klaus Schöneborn 09 31-5 26 28

8750 Aschaffenburg Di. ab 18
Weinstube »Kitz«, Nähe Markusplatz
K: Harald Germer, 0 93 72-23 79

8900 Augsburg Mo. ab 19.30
»Fischerwirt« Müllerstr. 19
K: Helmut Hofmann, 08 21-57 65 09

... und nebenan:

DDR Berlin (Ost) Mi. 18–22
Haus der Deutsch-Sowjetischen Freundschaft, am Festungsgraben 1–3, Raum 15

DDR Berlin (Ost) Di. 18–21
Jugendfreizeitzentrum Leipziger Str.
am Restaurant »Sofia«

DDR Berlin (Ost) Do. 18–23
Club 29 gegenüber Kino »Babylon«

LUX Luxemburg Mo. ab 20
Foyer Europeen Rue Notre-Dame
K: Claude Thill, 0 03 52-30 99 33

NL Arnhem Do. ab 19.30
Gebäude Heidemy, Lovinklaan 1
K: Eddie-Potter, 0 85-23 01 35
K: Paul van Galen, 0 85-24 62 89/44 27 48

NL Heerlen (bei Aachen) Fr. ab 20.30
Cafe De Nor, Geerstraat 284
K: Robbert van Slums, 0 45-2173 00

NL Nijmegen Mo. ab 20
Kolpinghuis, Smetiusstr.
K: Dick-Ederveen, 0 80-55 35 76

A-4020Linz Mo. ab 19
DSG Union Go Klub Kolping,
Gesellenhausstr.
K: A. Steininger, 07 32-51 87 22

A-4020 Linz Mi. ab 18.30
Cafe Landgraf, Hauptstr. 12
K: W. Schwind, 07 32-6 62 74 15

A-4020 Linz Do. ab 18.30
VHS Go Klub, Coulinstr.
K: A. Steininger, 07 32-51 87 22

A-5020 Salzburg Mo. 19–23
Cafe Künstlerhaus, Heilbronner Str. 3,
06 62-4 65 07
K: Klaus Knoll, Maxglaner Hauptstr. 52,

A-8020 Graz Mi. + Fr. ab 19–23
Cafe Glacis, Leonhardstr. 1,
K: Martin Müller, 03 16-64 78 65
K: Walter Poltnig, 03 16-93 16 74

CH-4000 Basel Di. ab 19.30
Restaurant »Bachlettenstübli«.
Bachlettenstr. 19
K: H. P. Baumann, 0 61-38 50 59

F-67000 Strasbourg Di. ab 20
Avenue des Glacieres
K: D. Roth, 0 88-35 46 63

Wohnzimmerspiele – alt und neu

Für Feste, Feiern und fröhliche Abende

Von Nora Gallagher. 128 Seiten mit 35 einfarbigen Abbildungen und Spiel-Anleitungen, kartoniert (DuMont Taschenbücher, Band 164)

»Alberne, witzige, außergewöhnliche, knifflige und einfache Spiele sind in diesem Buch gesammelt. Sie werden sehr klar und zum Spiel ermunternd vorgestellt. Amüsant sind sowohl die alten Spiele als auch die neuen.«

Bayerischer Rundfunk/Fernsehen

555 Teekessel

Das doppeldeutige Ratespiel aus Großmutters Zeiten für Alt und Jung mit Witz und Phantasie

Von Eve-Marie Helm. 239 Seiten mit 31 einfarbigen Abbildungen, kartoniert (DuMont Taschenbücher, Band 173)

»Dieses Buch gibt dem Leser 555 vollständig erläuterte ›Mehrfach-Rätsel‹ an die Hand und verweist im Anhang auf noch sehr viel mehr. Durch die besondere Anordnung von Stichworten und Fragen (die Lösungen stehen auf dem Kopf) wird dabei aus diesem Buch nicht nur ein Spielvergnügen für lockerlustige Gesellschaften, sondern man kann es auch ›gegen sich selber spielen‹. Der Schwierigkeitsgrad des Spiels läßt sich nicht zuletzt dadurch steigern, daß man zu Worten mit immer mehr Bedeutungen übergeht. Und auch für Leute, bei denen das Lexikon nicht nur als unbenutzte Prachtausgabe im Bücherschrank steht, kann das Spiel ein unerwarteter Prüfstein ihres Scharfsinns sein.« *Nürtinger Zeitung*

Das Geheimnis des Goldenen Jaguar

Auf abenteuerlicher Schatzsuche im tropischen Dschungel
Mit Scharfsinn, Stift und Schere selbst den Schatz finden

Von Alan Robbins. 192 Seiten mit 119 einfarbigen Abbildungen und Suchbildern im Text, kartoniert (DuMont Taschenbücher, Band 168)

Detektive auf dem Glatteis

48 Criminal-Bilderrätsel mit Hintersinn
Listige Abenteuer: Spürsinn und Logik

Von Lawrence Treat. 220 Seiten mit 51 einfarbigen Abbildungen und Lösungen der Rätsel im Anhang, kartoniert (DuMont Taschenbücher, Band 149)

»Dieses Buch gibt dem Leser in 48 Bildern mit begleitenden Geschichten ebensoviele Rätsel auf – Criminal-Rätsel, die vom fragwürdigen Unfall bis zur kniffligen (Falsch-?)Aussage einer Mörderbande reichen. In allen Rätseln sind Logik, Spürsinn und ›Gesunder Menschenverstand‹ gleichermaßen gefordert. Um aber den Krimi-Freund und Heimdetektiv doch nicht ganz alleine zu lassen, sind jedem Bild samt seiner Geschichte gezielte Fragen beigefügt, die auf so manches aufmerksam machen, aber auch (Achtung) auf falsche Spuren und damit aufs ›Glatteis‹ führen.